왕, 전사, 마법사, 연인

왕, 전사, 마법사, 연인

초판 1쇄 발행 2021년 5월 27일
개정판 1쇄 인쇄 2024년 1월 29일
개정판 1쇄 발행 2024년 2월 5일

지은이 로버트 무어, 더글러스 질레트
옮긴이 이선화
펴낸이 정해종
편　집 현종희
디자인 유혜현

펴낸곳 ㈜파람북
출판등록 2018년 4월 30일 제2018-000126호
주소 서울특별시 마포구 와우산로29가길 80(서교동) 4층
전자우편 info@parambook.co.kr
인스타그램 @param.book
페이스북 www.facebook.com/parambook/
네이버 포스트 m.post.naver.com/parambook
대표전화 02-2038-2633

ISBN 979-11-92964-76-8 03180
책값은 뒤표지에 있습니다.

어른이 되기 어려워하는 남성들을 위한 심리 수업

왕, 전사, 마법사, 연인

로버트 무어, 더글러스 질레트 지음 이선화 옮김

KING
WARRIOR
MAGICIAN
LOVER

파람북

남자의 가치를 재평가할 수 있도록 힘을 실어준

시인 로버트 블라이에게

모든 남자들의 마음속에는 강력한 네 가지 원형이 있다.
그러나 완벽한 원형은 에덴 혹은 '영원'의 보편적 인간*에서만 찾을 수 있다.
보편적 인간. 그에게 무한한 영광이 있기를. 아멘.

— 윌리엄 블레이크, 네 개의 조아들**

* Universal Man. 융은 인간이 개인이면서도 기저에 보편적인 공통의 무의식을 가지고 있다고 봤다.

** 윌리엄 블레이크Wiliam blake는 영국의 시인이자 화가로, 인간의 내면에는 네 개의 조아zoa가 있다고 했으며 이것이 조화롭게 균형을 이루어야 평화와 질서가 유지되며 에덴동산이 상징하는 영원성을 회복한다고 했다. -'천지현-윌리엄 블레이크의 네 조아들 읽기' 연세대 석사논문 참조

머리말

왕, 전사, 마법사, 연인이라는 네 가지 원형이 미국을 비롯한 세계 여러 나라의 남성 집단이나 출판물에서 점차 주목받고 있다. 실제로 많은 사람이 이 네 가지 원형이 성인 남성을 구성하는 전통적 기본 요소라고 생각한다. 성인 남성 심리의 기본 구성요소로 네 가지 원형을 분류해 낸 심리 연구는 시카고의 칼 구스타프 융 연구소의 강의에서 처음 소개되었고, 오디오 테이프로도 제작되어 남성 운동에 지대한 영향을 끼쳤다. 강의에서 소개된 심리학적 발견은 남성뿐 아니라 여성도 포함하는 인간의 원형을 분석하는 데 획기적인 돌파구가 되었다. 이런 분석은 칼 융이 "이중적 4위double quaternio[1]"라고 부른 것으로, 융의 원형적 '자기Self'의 개념에 바탕을 두고 있지만, 4위를 이루는 각 원형의 개념 안에 형상화된 심리학적

---

1 칼 융의 심리분석은 밝음과 어둠, 위아래, 좌우의 대극과, 대극들의 제3의 지점에서의 통합, 4위성(사각, 십자), 회전(원, 구), 그리고 마침내는 중심 잡기로 일반적으로 4의 체계에 따른 방사성 배열을 특징으로 언급할 수 있다. 이중적 4위(double quaternio)는 두 개의 피라미드가 아래위로 겹쳐져 다이아몬드 형상을 하고 있다.

내용뿐 아니라 변증법적 대립 유형, 즉 왕(혹은 여왕)과 마법사, 그리고 연인과 전사에 대해서도 자세하게 설명함으로써, 보다 더 넓은 영역까지 들여다볼 수 있게 해준다.

'왕, 전사, 마법사, 연인'은 남성 심리를 이해하기 위한 탐구조사의 기록이며, 이 틀에 기초하여 출간한 남성 심리 서적 5권 중 첫 번째 책이다. 후속편에서는 인간의 심리와 정신에 대한 이론적 모델에 대해 더 자세하게 설명할 것이다. 더 깊이 전문적으로 연구하고 싶거나 깊은 흥미를 느끼는 독자들은 책 뒷부분의 참고 서적 목록을 참조하길 바란다.

이 책을 쓴 목적은 사람들에게 '남성 심리 매뉴얼'의 단순하고 이해하기 쉬운 대략적 개요를 제공하는 것이다. 이 책을 읽음으로써 당신은 남성의 강한 면과 약한 면을 이해할 수 있고, 남성의 원형을 이해하기 위한 지도를 갖게 될 것이다.

서문

최근 빌 모이어스와 시인 로버트 블라이의 인터뷰 〈남자의 모임〉에서 한 청년이 질문했다. "예전의 강했던 남자들은 다 어디로 간 거죠?" 우리는 남녀 모두가 품고 있는 이 질문에 답변하기 위해 이 책을 썼다. 20세기 말, 남성 정체성은 중대한 위기에 봉착했다. 사회학자, 인류학자, 심층 심리학자들을 비롯한 관찰자들은 이 현상이 광범위한 양상으로 나타나며, 사회 전체뿐 아니라 각각의 개인에게도 영향을 미치는 것을 목격했다. 오늘날 성 정체성의 혼란은 특히 미국과 서유럽에서 더욱 심각하며, 남성성 혹은 여성성이 무엇인지 한마디로 표현하는 것은 점점 더 어려워지고 있다.

가족의 범주에 대해 자세히 들여다보면, 전통적 가족의 개념이 무너지고 있음을 알 수 있다. 점점 더 많은 가정에서 아버지가 사라진다. 사라진다는 것은 감정적 부재 혹은 실제적 부재, 혹은 두 가지 모두를 의미하며, 어떤 경우든 자녀에게 심리적 좌절감을 준다. 아버지의 나약함 혹은 부재는 성별과 상관없이 자녀의 성 정체성 확립에 영향을 미치고, 동성, 이성을 불문하고 다른 사람과 친밀하고 긍정적인 관계를 맺기 어렵게 한다.

그러나 단순히 현대 가족 체제의 붕괴가 남성성의 위기를 초래한 것이라고 단정지을 수는 없다. 다른 근본적인 원인 두 가지를 우선 들여다보자.

첫 번째로 심각하게 받아들여야 할 문제는 '성년의식', 곧 소년이 성인 남자가 되는 입문의식의 실종이다. 전통 사회에서는 소년 심리와 성인 남자의 심리를 구분 짓는 기준이 있었다. 이는 저명한 인류학자인 아놀드 반 게넵[2]과 빅터 터너[3]의 세밀한 관찰과 연구로 밝혀졌다. 부족사회에는 소년이 성인으로 인정받을 수 있도록 세심하게 고안된 의례가 있었다. 수 세기에 걸쳐 서구 문명화가 진행되면서 이런 성년의식은 대부분 사라지거나 원래의 권위를 잃은 사이비 의식으로 축소되었다.

성년의식이 쇠퇴하게 된 배경은 명확하다. 특히 종교혁명과 계몽운동은 성년의식의 권위를 추락시키는 주원인이었다. 빅터 터너에 의하면, 성년의식이 성스러운 절차로서의 권위를 잃게 되자, 진정한 인식 변화를 이끌어 주지 못하는 '껍데기뿐인 의식'이 되었다. 전통적 성년의식을 치르지 않게 되면서 인류는 각기 남성과 여성으로서 깊이 있고 성숙한 성 정체성을 확립하고 더 나은 삶을 추구할 수 있게 하는 과정을 상실하게 되었다.

정체성을 형성시켜주는 성년의식이 권위를 잃을 때 사회에는 어떤 일이 벌어질까? 남자의 경우, 성인 남성으로 전환되지 못하거나, 진정한 성

---

2 Arnold van Gennep. 네덜란드 태생의 인류학자. 독일과 프랑스에서 활동했다.

3 Victor Turner. 영국의 사회인류학자. 종교적 상징과 해석인류학 연구로 유명하다.

인이 되지 못하는 '가짜 전환'이 일어날 것이다. 그래서 내면은 여전히 소년 심리에 지배된다. 소년 심리는 우리 주변에 만연하며 그 징후가 뚜렷하다. 흔한 예로, 성별에 관계없이 타인에게 폭력을 행사하는 사람들이 있다. 또는 수동적이고 나약한 행동을 보이며 자신의 삶을 위해 창의적, 효율적으로 행동하지 못하고 타인의 삶과 창의성마저 위협에 빠뜨리는 무능력한 사람들이 있다. 학대와 무기력을 번갈아 보여주는 경우도 흔하다.

남성 정체성의 붕괴에 중요한 역할을 한 두 번째 요인은, 페미니스트들의 주요 비판 대상의 하나로 '가부장제'라고 일컬어지는 것이다. 가부장제는 최소 기원전 2000년부터 현재까지 서구 사회뿐 아니라 전 세계의 많은 지역을 지배한 사회문화 구조다. 페미니스트들은 가부장제하에서 남성의 지배가 여성에 대해서만이 아니라 여성이 가진 특성이나 미덕까지 억압하고 학대했음을 지켜보았다. 그 결과, 일부 페미니스트들은 맹렬하게 가부장제를 비판하며 남성성의 뿌리는 근본적으로 가학성이라고 결론지었고 '에로스적인 것', 즉 사랑, 친밀감, 친절은 오로지 인간의 여성적인 면에서만 볼 수 있다고 주장했다.

우리는 이런 견해가 남성이나 여성을 가부장적 전형에서 해방시키는 데 도움이 되긴 했지만 심각한 문제점이 있다고 생각한다. 가부장제는 심오하고 뿌리 깊은 남성성의 표현이 아니다. 진정한 남성성이란 가학성과는 거리가 멀다. 가부장제는 소년 심리의 표출이며, 부분적으로는 남성성의 어둡고 광적인 면일 뿐으로, 성장을 멈춘 채 미숙한 단계에 고정돼 버린 남성성의 표현이다.

가부장제란 여성성 자체에 대해서뿐 아니라, 남성성 자체에 대한 위협이다. 가부장적 체제와 권력을 신봉하는 이들은 여성만을 지배하려고 하는 것이 아니라 남성들도 지배하려 한다. 가부장제는 여성에 대한 두려움뿐 아니라 남성에 대한 두려움에서 파생된 것으로, 소년은 여성을 두려워하며 마찬가지로 진정한 남성도 두려워한다.

가부장적인 남성은 딸이나 부하 여직원이 완전한 여성으로 성장하는 것을 반기지 않으며, 아들이나 자신의 지배하에 놓인 다른 남성이 완전한 남성으로 성장하는 것 또한 반기지 않는다. 유능한 부하 직원을 참을 수 없는 상사들이 바로 그런 사람들이다. 우리가 아름다움, 성숙함, 창의성, 관대함 등 우리의 진정한 모습을 드러내고 싶을 때 질투와 증오를 받으며 직접적으로, 혹은 수동적 방식으로 공격을 받은 적이 자주 있지 않은가. 우리가 더 아름답고 유능하고 창의적일수록 그 가부장적 상사와 동료들은 더 적대적으로 변한다. 우리를 공격하는 것은 우리가 완전한 남성 혹은 여성으로 성장하는 것에 공포를 느끼는 그들의 미성숙성이었다.

가부장제는 '소년 심리'를 그대로 보여준다. 그것은 성숙한 남성성의 본질적이고 완전한 가능성의 발현이 아니다. 우리는 고대 신화와 현대의 꿈, 주요 종교단체 내부의 여성화를 심층적으로 분석했고, 사회 전반에 걸친 성역할의 급속한 변화, 심리치료를 찾는 수많은 사람들의 사례를 수년간 연구하며 그것이 미성숙한 소년심리에 기인한 것이라는 사실을 알았다. 그러면서 우리는 중요한 것이 사라지고 있음을 깨닫게 되었다.

사라진 '중요한 것'은 많은 심층 심리학자들이 믿는 것처럼 내면의 여성성과의 적절한 유대관계가 아니었다. 많은 경우 심리치료의 도움을 구하는 사람들은 자신의 내면의 여성성에 압도당한 사람들이었다. 그들에게 결핍된 것은 그들 내면 깊숙한 곳에 내재된 남성적 에너지, 성숙한 남성의 잠재력과의 적절한 유대관계였다. 그들은 가부장제 때문에, 게다가 페미니스트들이 (그들에게 거의 남아있지도 않은) 남성성을 비판하기 때문에 진정한 남성성과 더 멀어지고 있었다. 또한 스스로 남성이 되었다고 느끼게 해줄 통과의례, 즉 성년의식이 없기 때문이기도 했다.

우리는 이들이 명상이나 기도, 혹은 칼 융이 제시한 적극적 상상[4]을 통해 남성성을 경험하며 차츰 내면의 성숙한 남성성의 원형을 더 자주 접할 수 있음을 발견했다. 그들은 자신의 가부장적인 면과 자신과 다른 이에게 상처를 주는 생각이나 느낌, 행동 양식을 고쳐나갈 수 있었고, 차츰 자신과 타인에게, 그리고 남성과 여성 모두에게 더 강하고 관대하며 성숙한 사람으로 발전했다.

현대의 남성성의 위기에서 우리에게 필요한 것은 페미니스트들이 말하는 것처럼 남성성의 약화가 아니다. 우리에게는 오히려 더 강한 남성성이 필요하다. 강한 남성성이란 성숙한 남성성을 뜻한다. 성인 남성의 심리여야 하며, 다른 이들을 지배하고 무력하게 만들지 않는 침착하고 안정된

4 active imagination. 각성할 때 구체적인 상황에서 출발하여 무의식에 잠재된 심상을 의식으로 끌어올리는 행위 -상담학 사전

남성성을 발달시켜야 한다.

가부장제 아래에서 남성과 여성은 서로에게 너무나 많은 비난과 상처를 주었다. 가부장제에 대한 페미니스트들의 반응도 마찬가지여서, 페미니스트들의 비판이 합리적이지 못할 때가 있었고, 이런 경우 이미 약해질 대로 약해진 남성성은 더욱더 훼손되었다. 인간의 역사상 성숙한 남성성(혹은 성숙한 여성성)이 지배적이었던 시대는 없었을지도 모른다. 물론 확신할 수는 없다. 확실한 것은, 지금 현재 성숙한 남성성이 우위에 있지 않다는 것이다.

우리는 성숙한 남성을 사랑하고 그에게서 사랑받는 것을 배워야 한다. 남자로서의 행복을 위해서뿐 아니라 타인과의 관계를 위해서, 또한 성숙한 남성성의 위기는 전 세계적인 인류의 위기를 초래할 수 있기에 진정한 남자의 힘과 가능성을 기쁘게 여겨야 한다. 우리의 위태롭고 불안정한 세계가 더 나은 미래를 맞이하기 위해서는 성숙한 남성성과 여성성의 조화가 필요하다. 현대 사회에는 소년 심리를 남성의 심리로 변환해줄 성년의식이 거의 없기에, 우리는 각자의 힘으로 (우리 서로의 도움도 필요하지만) 모두에게 깊이 내재한 남성 에너지의 잠재력에 도달해야 한다. 그 힘의 원천에 이르는 방법 역시 찾아야 한다. 이 책이 이 중요한 임무를 수행하는 데 도움이 될 수 있기를 간절히 바란다.

차례

II 남성 심리 분석하기 : 성인 남성의 네 가지 원형

I

소년 심리에서
성인 남성의 심리로

티베트 불교의 탕카. 부처를 중심으로 한 세계가 묘사되어 있다. 칼 융은 이렇게 중심점을 지닌 세계의 그림들에서 인간 내면의 원형이 표현되어 있다고 생각했고, 이런 형상들을 통틀어 '만다라'라고 불렀다.

I.

성년의식의 위기

우리는 어떤 사람이 '정신을 못 차린다'는 라는 말을 흔히 듣는다. 영어에서는 "can't get himself together"인데, 직역하면 '자신을 한군데로 모으지 못한다'이다. 구체적으로는 그가 자신의 깊은 내면을 아직 경험하지 못했다는 뜻으로, 인격이 여러 부분으로 나뉘어서 조화를 이루지 못한 채 혼란스러운 삶을 살고 있는 것이다. '정신을 못 차린' 사람은 성인 남성의 깊이 있는 의식으로 건너갈 입문절차를 거칠 기회를 가지지 못한 사람이다. 그는 여전히 소년으로, 스스로 원해서가 아니라 그에게 소년의 에너지를 성인 남성의 에너지로 바꿀 수 있는 길을 보여준 사람이 없었기 때문이다. 아무도 그를 성인 남성 내면세계를 직접 경험하며, 그 치유력을 경험할 수 있도록 이끌어 주지 않았다.

먼 조상 크로마뇽인의 거취를 쫓아 프랑스의 동굴에 간 적이 있다. 마치 다른 세상 같은, 혹은 속세가 아닌 듯한 깊고 어두운 동굴에 들어가 불빛을 비췄을 때, 그곳에 묘사된 그림에서 강렬한 남성적 힘을 느끼고 그 신비로움과 경이감에 압도당해 뒷걸음을 쳤다. 우리는 내면 깊숙한 곳에서 뭔가가 용솟음치는 것을 느꼈다. 우리에게 들리지 않는 노래에 맞춰 마법의 동물들, 들소, 영양, 매머드가 때 묻지 않은 원시의 모습을 간직한 채 아치형의 천장과 파도 모양의 벽 위로 뛰어오르고 으르렁거리며 바위 사이로 사라졌다가 불빛 아래에서 다시 모습을 드러냈다. 그들과 함께 사냥꾼이자 예술가이고 고대의 전사이며 공급자였던 남성의 손자국들이 그곳에 있었다. 그들은 이곳에서 함께 의식을 치렀을 것이다.

인류학자들은 이런 종류의 동굴 성소聖所가 남자들에 의해, 남자의 책임감과 영혼의 신비한 세계로 소년들을 이끌어줄 의식을 치르기 위해 만들어졌다는 것에 거의 만장일치로 동의했다. 전적으로는 아니더라도 최소한 부분적으로는 그랬을 것이다.

성년의식 절차가 이런 고대 동굴에서만 이뤄진 것은 아니다. 미르체아 엘리아데[5], 빅터 터너를 비롯한 많은 학자들이 보고했듯이 아프리카, 남미, 남태평양 제도, 그리고 그 외의 많은 지역에서 부족사회부터 전해 내려온 성년의식이 여전히 남아있다. 북미의 평원인디언[6] 사이에서도 최근까지 이 전통이 남아있었다. 이들의 의식에 대해 전문가들이 연구한 자료는 매우 딱딱해서 읽기 힘들 수 있지만 현대의 영화에서 컬러 영상으로도 볼 수 있다. 영화는 고대의 구전 설화나 신화와도 같다. 삶과 삶의 의미

5 Mircea Eliade. 루마니아 출신의 미국 종교학자이자 문학가

6 북아메리카 대륙 중부의 평원지대에 사는 원주민의 총칭. 코만치, 아라파호, 샤이엔의 종족이 포함된다. -두산백과

에 대해 들려주는 이야기다. 남성이나 여성의 성년 의식은 많은 영화에서 멋진 소재가 되었다.

훌륭한 예가 《에메랄드 숲The Emerald Forest》이라는 영화다. 한 백인 소년이 브라질 원주민에게 붙잡혀 양육되었다. 어느 날 그는 아름다운 소녀와 강에서 놀았다. 추장은 소년이 소녀에게 관심이 있다는 것을 오래전부터 알고 있었다. 소년이 성적인 호기심에 눈뜨는 것은 지혜로운 추장에게는 하나의 신호였다. 그는 아내와 다른 원로들과 함께 강둑에 올라가 소녀와 놀고 있던 소년을 놀라게 했다. 추장이 소리쳤다. "토미. 네가 죽을 때가 되었다." 모두가 깜짝 놀랐다. 추장의 아내가 마을의 모든 여자와 어머니들을 대표해서 물었다. "토미가 죽어야 한다고요?" 추장은 위협적인 목소리로 대답했다. "그렇다!" 그리고는 장면이 바뀌어 불빛이 환한 밤이다. 토미는 원로들에게 고문을 당한 것으로 보이고 숲의 덩굴 속에 산채로 던져졌다. 그가 고통에 몸부림치며 굶주린 개미 떼에게 물어뜯기는 것을 보며 우리는 최악의 상황을 상상하게 된다.

마침내 해가 떠오르고 어른들이 아직 숨이 붙어있는 토미를 강으로 데려가 몸을 씻긴다. 온몸에 달라붙어 있던 개미들이 말끔하게 없어졌다. 추장이 큰 소리로 말한다. "이제 소년은 죽고 남자가 태어났다!" 그 말과 함께 사람들이 토미의 코에 긴 파이프로 약물을 불어넣었고, 토미는 환영을 본다. 자신의 영혼이 동물(독수리)의 형태로 세상 위를 날며 마치 신의 눈으로 보듯, 새롭고 더 넓어진 시야로 자신의 정글 세상을 내려다본다. 이제 토미는 남자가 되었고, 추장은 토미의 결혼을 허락한다. 그가 남자로서의 책임과 신분을 받아들이자 부족 내의 용사의 지위가 되었고 후에 추장의 지위에 올랐다.

인간 삶의 가장 뿌리 깊은 원동력은 아마도 낮은 형태의 경험과 의식을 좀 더 높거나 더 깊은 의식으로 끌어올리고, 산만했던 정체성을 확고하고 구조적인 정체성으로 상승시키는 것이라 말할 수 있을 것이다. 사람들은 원하는 결과가 나오지 않을 수도 있다는 것을 알면서도 더 나은 인생을 살기 위해 노력한다. 성인이 되어 자신과 타인에 대해 성인으로서의 책임과 의무를 다하고 성인으로서의 기쁨과 권리를 누리며 살기 원한다. 부족사회는 남성과 여성에 있어 성인의 지위란 무엇이고, 그들이 어떻게 성인이 될 것인가에 대해 매우 구체적인 개념을 가지고 있었다. 아울러 《에메랄드 숲》에서 보듯 소년이 '고요하고 안정적인 성숙함'을 성취할 수 있도록 해 주는 성년의식 절차를 가지고 있었다.

하지만 현대의 문화에서는 사이비 의식이 성숙한 성년의식을 대체하고 있다. 남자를 위한 사이비 의식이 만연하다. 한 가지 예로 군대가 있다. 군대는 신병훈련소에서 겪는 치욕과 개인성의 말살이 '남자'를 만든다는 헛된 희망을 갖고 있다. 대도시마다 있는 범죄조직이나, 범죄조직원들이 대다수를 차지하는 감옥에도 비슷한 사이비 의식이 있다.

우리가 이런 행위를 사이비 의식이라고 부르는 이유는 두 가지가 있다. 첫 번째로는, (군대는 예외가 될 수도 있다) 이런 의식이 때로는 (특히 대도시의 범죄조직의 경우에) 매우 엄격한 형식을 따라 행해지기도 하지만, 대개는 진정한 성장을 하지 못한 가짜 어른, 즉 다른 사람들에게뿐 아니라 자기 자신에게도 가학적인 가부장적 남성을 만들기 때문이다. 범죄조직에 입문하기 위한 절차로 살인을 해야 할 때도 있으며 대부분의 갱 문화에는 마약도 포함된다. 이런 시스템 속에서 소년은 비뚤게 행동하게 되며 전반적으로는 또래들의 사회적 특성에 부합하면서도 반문화적 성향을 보이게 마련이다. 사이비 의식은 진정한 남자를 배출해내지 못한다. 진정한 남자란 절대로 정당한 이유 없이 폭력을 행사하거나 적대적인 행위를 하지 않기 때문이다. 소년 심리에 대해서는 3장에서 상세하게 설명하겠지만, 어떤 형태로든 다른 사람을 지배하려고 드는 것이 소년 심리의 특징이며, 흔히 다른 사람뿐 아니라 스스로에게도 상처를 입힌다. 가학적인 동시에 피학적인 것이다. 성인 남성의 심리는 그 반대다. 파괴적이고 상처를 주는 것이 아니라 생산적이고 성장시켜주는 것이다.

성인 남성의 심리를 가지기 위해서는 '죽음'을 거쳐야 한다. 이 죽음은 상징적인 것일 수도 있고 심리적 혹은 영적인 것일 수도 있으며, 모든 성년의식에서 매우 중요한 부분을 차지한다. 심리학적 용어로는 소년의 자아ego가 죽어야 한다. 이전의 존재, 행동, 생각, 감각의 방식이 의식을 통해 죽고 성인으로서 거듭나는 것이다. 반면 사이비 의식은 소년의 자아를 억누르면서도 힘과 통제에 대한 소년적인 욕망을 증폭시킴으로써, 이전의 소년이 다른 소년의 지배를 받을 뿐이다. 효과적이며 진정한 변화를 주는 성년의식은 이전의 자아와 욕망을 완벽히 '죽이고', 이제껏 알지 못했던 힘 혹은 내면의 중심에 복종하는 새로운 관계를 형성한다. 성숙한 남성의 에너지를 따르게 되면 평온함, 공감 능력, 통찰력과 후진을 양성하고자 하는 욕구와 같은 새로운 인격을 가지게 된다.

두 번째 요인은 우리 문화의 성년의식 대부분을 사이비 의식으로 전락시키는 원인으로, 오늘날 대부분의 성년의식이 의미 있는 형식을 갖추지 않았다는 점이다. 형식을 갖추기 위해서는 두 가지 요소가 필요하다. 한 가지는 성스러운 장소이고, 다른 한 가지는 의식 집행 경험이 풍부한 연장자로, '지혜로운 연장자 남성 혹은 여성'으로서 성년의식 전반에 대해 해박하며, 의식을 절차에 따라 이끌고 소년(혹은 소녀)을 다치지 않고 안전하게, 그리고 더 나은 사람으로서 성인이 될 수 있도록 도와주는 사람이다.

성스러운 장소의 역할에 대해 광범위하게 연구한 미르체아 엘리아데는 모든 종류의 입문의식에 사람들이 신성시하는 장소가 매우 중요하다고 결론지었다. 부족사회에서 이 공간은 소년이 성년의식이 치러지길 기다리는 장소로서 특별히 지어진 오두막이나 집일 수도 있고 동굴일 수도 있다. 소년이 '죽고' 다시 성인으로서 거듭날 수 있는 야외의 벌판일 수도 있으며 마법사가 그린 '마법의 원'일 수도 있다. 혹은 더 발달된 문명사회에서 보듯 큰 사원의 내부일 수도 있다. 이런 장소는 바깥세상의 영향을 받지 말아야 하며, 특히 소년의 경우 여성의 영향을 받지 말아야 한다. 흔히 입문자들은 정신적, 육체적으로 매우 고통스러운 시험을 거치며, 이 과정에서 고통과 연장자와 남성의 전통, 그리고 자신이 속한 사회의 신화에 복종하는 법을 배우고 남성의 비밀의 지혜를 습득한다. 그리하여 성공적으로 시련을 이겨내고 남성으로서 다시 태어난 이후에야 비로소 그 장소를 벗어나게 된다.

의식을 성공으로 이끄는 두 번째 필수요소는 연장자의 존재 여부다. 《에메랄드 숲》에서는 부족의 추장과 다른 원로들이 그 역할을 했다. 의식에 참여하는 연장자는 비밀의 지혜와 부족의 삶의 방식과 그들이 지켜온 남성의 신화를 아는 사람이며, 성숙한 남성의 통찰력을 가지고 사는 사람이다.

현대사회에는 성숙한 남성이 매우 드물기에 의식을 주관할 수 있는 연장자도 매우 드물다. 그래서 성년의식이 존재하고, 성스러운 장소로 도시의 거리나 실내공간이 설정된다고 해도 성숙한 남성이 아닌 소년의 심리를 더 강화시키는 사이비 의식으로 왜곡된다.

성숙한 남성성의 위기는 이미 우리에게 닥쳐왔다. 주변에 적절한 성숙한 남성의 모델이 없고, 성년의식을 실현할 사회적 응집력이나 의식을 주재할 단체나 조직이 없기 때문에 소년들은 '스스로' 성인이 된다. 그래서 많은 이들이 무엇이 잘못되었는지도 모르는 채 진정한 남성이 되는 것에 실패한다. 초조함과 무능력과 무기력감과 실망감을 느끼고, 사랑받지 못하고 존중받지 못한다고 느끼며, 남성임을 수치스럽게 느끼기도 한다. 창의성은 비판받고, 주도성은 억압받으며, 우리는 무시당하고 하찮게 여겨져 자존심은 껍데기만 남는다. 우리는 약육강식의 세상에 굴복하여 직장과 인간관계를 간신히 유지할 뿐이고, 차츰 활기를 잃고 삶의 의미를 잃어간다. 많은 이들이 다음 세대를 성장시켜 줄 확신과 힘을 주는 아버지상을 꿈꾸며 (대부분의 사람들은 그것이 정확하게 무엇인지조차도 모른다)

그들의 삶 속에서 실제로 존재한 적이 없고, 아무리 찾으려 해도 앞으로도 나타나지 않을 허구의 아버지상을 추구한다.

그러나, 인간 신화의 연구자이자 칼 융을 따르는 학자로서, 우리는 남성들뿐 아니라 여성들에게도 희망적인 소식을 여러 사람들과 나누고자 한다. 이제부터 그것에 대해 얘기하려 한다.

〈엘레우시스의 프리네〉, 헨리크 지미라즈키(Henryk Siemiradzki), 1889년, 상트페테스부르크 국립 러시아 미술관 소장
엘레우시스는 고대 그리스인들에게 성스러운 장소로, 입문자들에게 비밀을 전수하는 신비의식으로 유명했다. 이 비의(秘儀)는 삶과 죽음, 그리고 재생과 부활에 대한 고대인들의 믿음과 관련이 있다고 여겨진다.

2.
남성의 잠재력

우리는 스위스의 위대한 심리학자 칼 융의 영향을 받은 임상 심리학자로서, 우리가 맞닥뜨리는 외적 결함(아버지의 부재, 미성숙한 아버지, 의미 있는 입문의식의 부재, 입문의식의 경험이 풍부한 원로의 부족 등)을 고칠 수 있다고 확신한다. 단순한 희망 사항이 아니라, 임상 심리학자로서, 그리고 개인으로서 융 이전의 심리학에서는 상상하지 못했던 내면의 힘을 실제 경험했기 때문이다. 우리의 경험상 모든 남자들은 마음 깊숙한 곳에 안정적이고 긍정적인 성숙한 남성을 추구하는 '하드와이어링hardwiring'이라고 부르는 청사진을 가지고 있다. 융의 제자들은 이런 남성의 잠재 성향을 '원형archetypes' 혹은 '태곳적 이미지primordial images'라고 부른다.

융과 융의 후예들은 깊은 무의식의 단계에서 사람들의 심리가 '집단 무의식'에 뿌리를 내리고 있음을 발견했다. 이 집단 무의식은 인류의 여러 세대에 걸쳐 전해 내려져 온 본능적 패턴과 에너지로 구성된 것이다. 집단 무의식을 이루는 원형들은 우리의 행동 — 우리의 사고, 느낌, 인간의 특징적 행동 — 의 근원이며, 예술가나 시인, 혹은 예언자들처럼 이미지를 창조한다. 융은 그 원형들을 다른 동물들의 본능과 직접적으로 비교했다.

새끼 오리는 부화한 직후 옆에서 걷고 있는 누구에게든 혹은 무엇에든 애착을 형성한다. 이 현상을 '각인imprinting'이라고 한다. 갓 부화한 새끼 오리는 '엄마' 혹은 '보호자'를 찾도록 유전자에 새겨져 있으므로 바깥세상으로부터 '보호자'가 무엇인지 배울 필요가 없다. 새끼 오리가 태어나면 곧 보호자라는 원형이 활성화되는 것이다. 그러나 불행하게도 새끼오리가 태어난 후 첫 순간에 마주치는 '엄마'가 보호자의 역할에 맞지 않을 수도 있다. 심지어 마주치는 '보호자'가 오리가 아닌 경우도 있다. 이렇게 바깥세상이 새끼 오리의 본능적 요구에 부응하지 않을 수도 있지만, 여전히 보호자의 원형은 새끼 오리의 행동을 규정짓는다.

마찬가지로, 유전자에는 인간이 '엄마' 혹은 '아빠', 그 외에도 많은 인간관계와 다양한 경험을 동경하도록 새겨져 있다. 바깥세상의 현실이 인간의 원형적 기대에 미치지 않는다 해도 원형은 여전히 존재한다. 고양이를 제 어미로 착각하는 새끼 오리처럼, 우리 역시 현실의 부모를 이상적 패턴과 잠재능력을 가진 원형으로 여기기도 한다.

바깥세상에서 현실 사람들과의 불행한 만남으로 인해 — 대부분 자격이 없거나 적대적인 부모를 만났을 경우 — 궤도를 벗어난 원형의 패턴은 심각한 심리적 문제를 야기하게 된다. 심리학자인 위니캇D.W. Winnicott이 말했듯이, 부모가 '충분히 자격 있는' 사람이라면 인간관계에 대한 내면의 청사진을 긍정적으로 접근하고 경험할 수 있게 된다. 하지만 불행하게도,

많은 이들이 어쩌면 대부분의 사람들이 충분히 자격 있는 부모에 의한 양육을 받지 못했다.

원형의 존재는 환자의 꿈 혹은 공상과 인간에게 깊숙이 뿌리박힌 행동 양식을 관찰한 많은 임상 자료에서 증명되었고 세상의 신화에 대한 심층 연구결과에서도 나타난다. 우리는 여러 신화나 민담 속에서 비슷한 중요 인물이 반복해서 등장함을 관찰했다. 이것은 다른 문화의 신화에 대해 전혀 모르는 사람들의 꿈에서도 나타났다. 예를 들면 '죽었다가 부활하는 젊은 신'이 기독교도, 페르시아의 이슬람교도, 고대 수메르인, 그리고 아메리카 원주민뿐 아니라 심리치료를 받는 일반 사람들의 꿈에도 등장했다. 이는 인간의 지적, 감정적 삶을 규정짓는 내재된 패턴이 있다는 뚜렷한 증거다.

내면의 청사진은 매우 다양한 듯하며 남성 혹은 여성의 형태로 나타난다. 여성의 생각과 감정과 관계를 결정하는 원형이 있고, 또한 남성의 생각과 감정과 관계를 결정하는 원형이 있다. 융 학파는 모든 남성에게는 '아니마'라고 불리는 여성의 원형으로 구성된 하위인격이 존재하고, 반대로 여성에게는 남성의 원형으로 구성된 '아니무스'가 존재한다는 것을 발견했다. 모든 인간들은 다른 사람들과 상호관계를 맺음으로써 정도의 차이는 있겠지만 내면의 원형에 접근할 수 있다.

인간의 본능적인 내면에 대한 지식이 진보함에 따라, 이 분야가 적극적으로 논의되고 꾸준히 연구되고 있다. 우리는 이제서야 신화나 의식, 꿈이나 미래 예측 등에서 드러난 인간의 내면을 체계적으로 분류하기 시작했다. 원형 심리학 분야는 아직도 초기 수준일 뿐이다. 우리는 우리 자신과 다른 사람들, 더 나아가 세상의 모든 사람들에게 유용할 수 있도록 어떻게 긍정적으로 원형 잠재성에 접근해야 할지를 밝혀내고자 한다.

〈한여름 밤의 꿈〉, 에드윈 랜드시어(Edwin Landseer), 1851년, 멜버른 빅토리아 국립미술관 소장
셰익스피어의 《한여름 밤의 꿈》의 한 장면을 그린 유화. 원작 희곡은 방황하는 청년들의 자리 찾기 이야기로, 셰익스피어는 신화를 접목하여 젊은이들의 꿈과 욕망을 풀어냈다.

3.

소년 심리학

마약 거래자, 책임회피와 편가르기에 능한 정치꾼, 폭력적인 남편, 짜증 가득한 직장상사, 초고속으로 승진한 젊은 간부, 바람피우는 남편, 직장의 '예스맨', 무관심한 담당 교수, 고결한 척하는 목사, 폭력조직원, 딸의 학교 행사에 참석할 시간을 절대 내지 않는 아빠, 자신이 관리하는 스타 선수를 조롱하는 코치, 무의식적으로 고객의 비범함을 깎아내리며 평범한 사람으로 끌어내리는 심리치료사, 여피족[7]…. 이들에게는 공통점이 있다. 그들은 모두 어른인 척하는 소년들이다. 원해서 그렇게 된 것은 아니다. 아무도 그들에게 성숙한 남성이 어떤지 보여주지 않았기 때문이다. 우리들 대부분이 그들의 '그릇된 남성다움'을 눈치채지 못하고 그들의 통제와 위협과 적대적 행동을 '힘'이라고 착각한다. 실제로 그들이 보여주는 것은 내재된 극도의 취약성, 상처받은 소년의 연약함이다.

---

7 여피족(yuppie)은 young urban professional의 약자.

충격적인 사실은 대부분의 남성이 발달단계를 완성시키지 못한 채 미성숙한 단계에 머물러 있다는 것이다. 초기의 발달단계는 소년 시기에 걸맞은 구상 혹은 청사진blueprint의 영향을 받았다. 이 소년기의 구상이 그대로 성년기를 지배하게 되었을 때, 소년기의 원형은 적절한 성년 남성성의 원형에 의해 정립되지 않는다. 이 경우 우리는 내면에 숨겨진(자신에게는 숨겨지지만 다른 사람들에게는 숨겨지지 않는) 소년 심리에 따라 행동하게 된다.

우리 문화에서는 소년 심리에 대해 애정을 담아 얘기하는 경우가 자주 있다. 사실 우리 내면의 소년은, 적절한 위치에 있는 경우 익살스러움과 즐거움, 재미, 에너지와 개방적 성격의 원천이며 모험과 미래로 나가게 하는 밑거름이다. 하지만 다른 사람과의 교류에서, 성숙한 남성성이 필요할 때 유치한 행동을 하게 하는 다른 종류의 소년 심리가 있다.

원형의 구조

남성의 심리에 잠재된 각 원형의 에너지는 미성숙한 형태와 성숙한 형태 모두에서 삼각형의 구조로 이루어진다(그림1 참조). 위의 꼭짓점은 성숙하고 완벽한 원형을 나타내고 아랫부분은 원형의 기능장애를 일으키는 양극을 각각 보여주며, '그림자 원형'이라고도 불린다. 성숙한 형태와 미성숙한 형태 모두에서, 즉, 소년의 심리와 남성의 심리 모두에서 '그림자'는 조화를 이루지 못하거나 일관성이 없다는 점에서 미성숙한 것이라고 볼 수 있다. 심리학에서 일관성의 부족은 성장 단계가 적절치 못할 때의 한 증상이다. 소년의 인격, 그리고 남성의 인격이 적절한 발전단계를 거쳐 성숙해질 때 그림자 형태의 양극은 통합되며 완전해진다.

어떤 소년들은 다른 소년들보다 '성숙'해 보인다. 그들은 스스로 의식하지는 못하지만, 또래와 비교해 더 완벽한 원형, 통합된 내면의 원형을 접한다. 다른 소년들은 소년 시기의 특성을 고려하더라도 '미성숙'한 것처럼 보인다. 예를 들어 소년이 자신의 내면에서 '영웅'을 느끼고, 자신을 영웅처럼 여기는 것은 매우 당연한 일이다. 하지만 많은 소년들이 이렇게 하지 못하고 '영웅'의 그림자 원형에 갇혀 약자를 괴롭히거나 겁쟁이가 된다.

원형은 성장 단계에 따라 각각 다르게 나타난다. 소년기의 남성이 발현하는 첫 원형은 신성한 아이Divine Child 원형이다. 조숙한 아이Precocious Child와 오이디푸스적 아이Oedipal Child가 그다음이다. 소년기 마지막 단계의 원형은 영웅Hero이다. 물론 인간의 성장이 항상 이렇게 정형화된 순서를 따르는 것은 아니다. 혼합된 다양한 원형이 성장 단계 전반에서 영향을 미친다. 흥미롭게도, 각각의 소년 심리학의 원형이 복잡한 방식으로 각각의 성숙한 남성 원형을 발전시킨다. 소년은 남성을 탄생시키는 근원이다. 신성한 아이는 삶의 경험에 의해 변화하고 풍부해져서 '왕'의 원형으로 바뀐다. 조숙한 아이는 '마법사'의 원형이 되며, 오이디푸스의 아이가 '연인'이 되고, 영웅은 '전사'가 된다.

소년 시기의 이 네 가지 원형은 각각 삼각형 구조를 가지고 결합하여 피라미드 형태를 이루며, 미성숙한 남성으로서의 정체성을 보여준다(그림 2 참조).

그림 1. 미성숙한 남성과 성숙한 남성의 원형들

피라미드의 아래쪽 두 극은 미성숙하며 기능장애를 일으키는 '그림자' 유형이다.
+는 능동적 극, -는 수동적 극을 나타낸다.

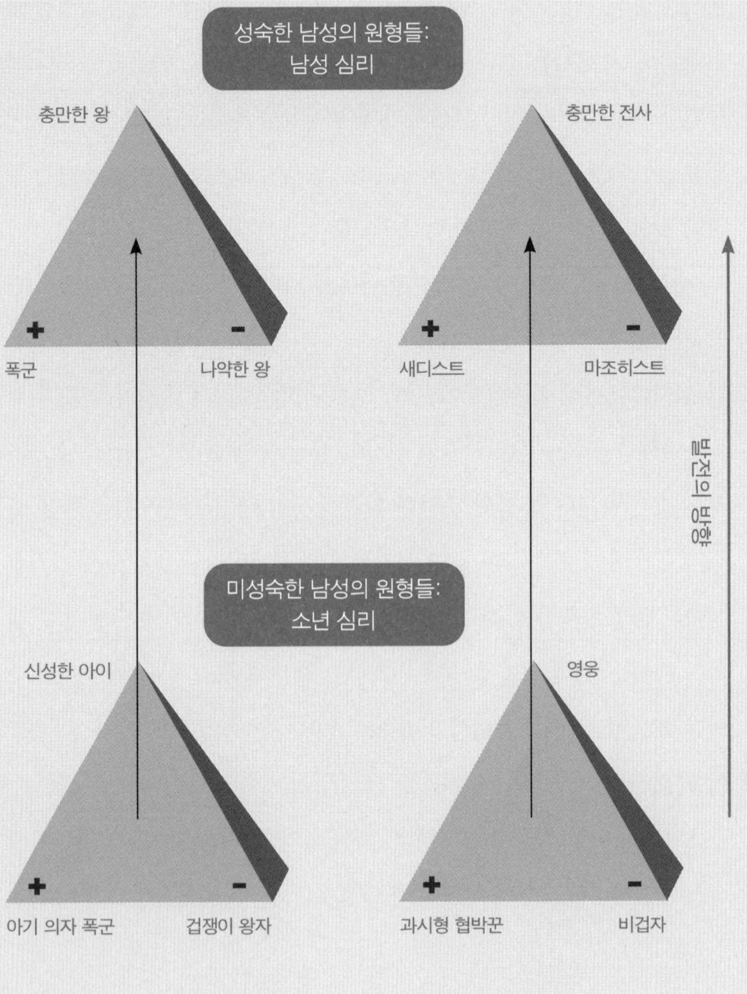

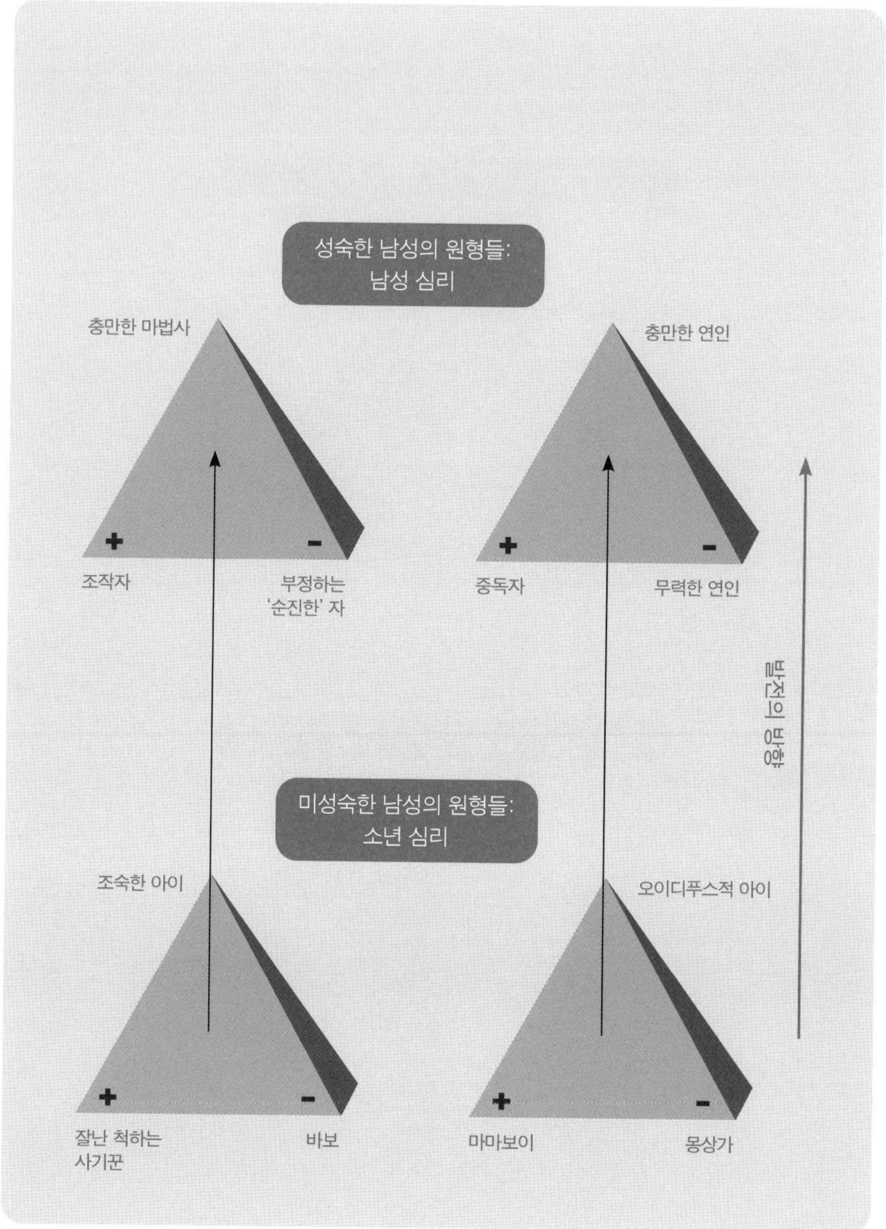
성숙한 남성의 원형들:
남성 심리
충만한 마법사
+
-
조작자
부정하는
'순진한' 자
충만한 연인
+
-
중독자
무력한 연인
발전의 방향
미성숙한 남성의 원형들:
소년 심리
조숙한 아이
+
-
잘난 척하는
사기꾼
바보
오이디푸스적 아이
+
-
마마보이
몽상가

그림 2.

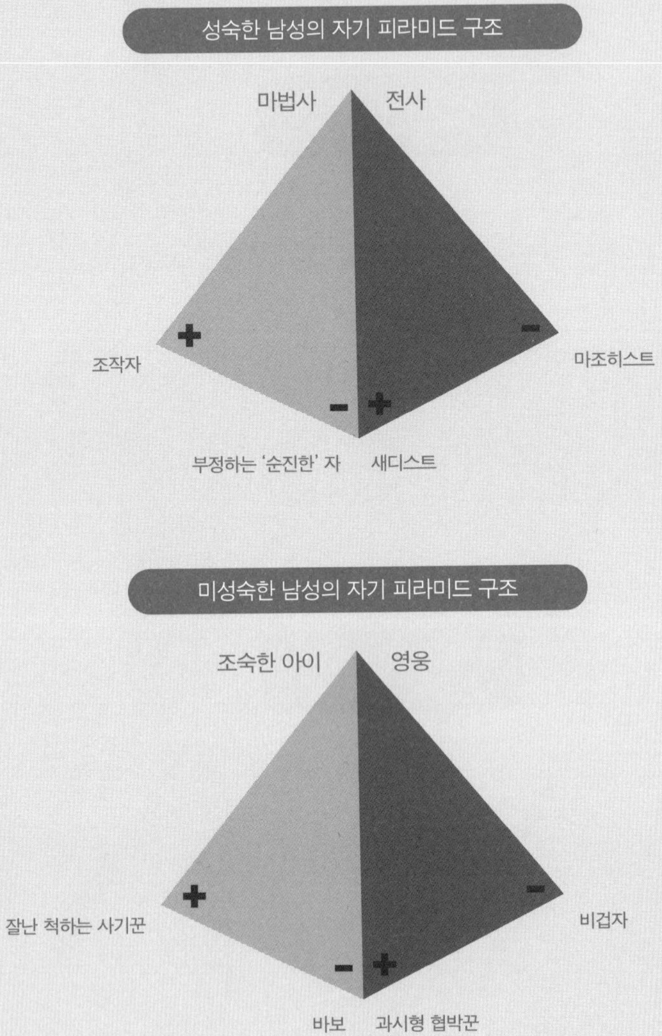
성숙한 남성의 자기 피라미드 구조
마법사
전사
조작자
마조히스트
부정하는 '순진한' 자
새디스트
미성숙한 남성의 자기 피라미드 구조
조숙한 아이
영웅
잘난 척하는 사기꾼
비겁자
바보
과시형 협박꾼

성숙한 남성의 자기 피라미드 구조

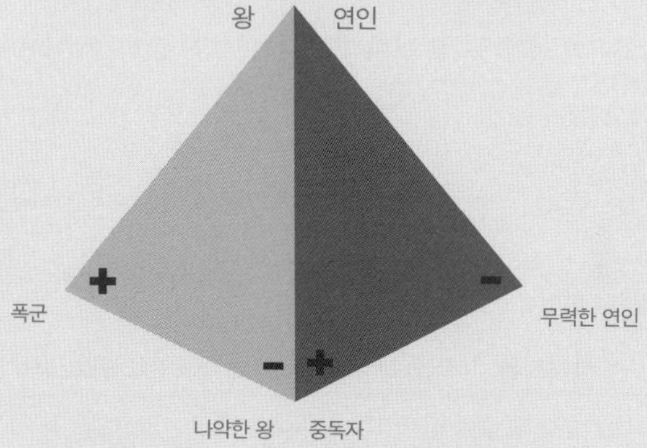

미성숙한 남성의 자기 피라미드 구조

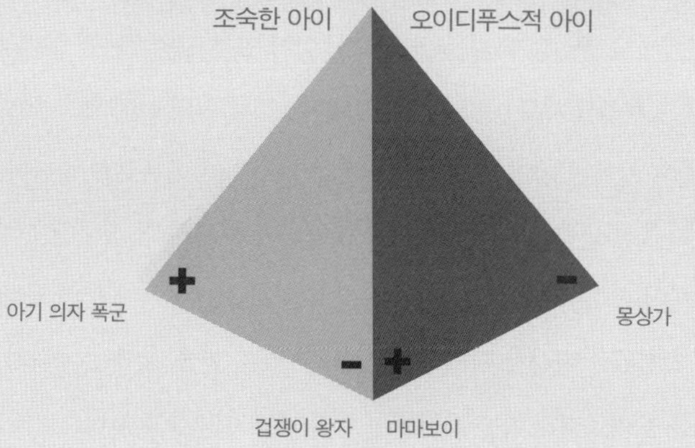

앞에서 제안했듯 성인 남성은 소년다움을 잃지 않고, 소년기의 바탕을 형성한 원형도 사라지지 않는다. 원형이 사라지지 않기 때문에 성숙한 남성은 소년기의 남성적 힘을 없애는 것이 아니라 그 바탕 위에 성인으로서의 인격을 완성한다. 그러므로 성숙한 남성의 원형의 구조는 피라미드에 또 하나의 피라미드를 겹친 것이 된다(그림3 참조). 이 이미지가 완벽한 것이라고 할 수는 없지만 인간 본연의 모습의 보편적인 상징이라고 할 수 있을 것이다.

신성한 아이

소년 에너지의 가장 근본적인 처음 형태는 '신성한 아이Divine Child'다. 우리는 모두 기독교의 아기 예수 탄생에 대한 이야기를 잘 알고 있다. 아기 예수는 불가사의하다. 그는 신성한 영역에서 왔으며, 처녀의 몸에서 태어났다. 보물과 별, 경배하는 목동들, 페르시아에서 온 동방박사들과 같은 기적들이 그와 함께했다. 그는 숭배자들에 둘러싸여 헛간에서뿐 아니라 전 세계에서 중심의 자리를 차지했다. 인기 있는 크리스마스 노래들을 들어보면 동물들조차도 아기 예수를 따른다. 그림 속의 아기 예수를 보면, 아기에게서 발현된 빛이 누워있는 밀짚에 반사하여 은은하게 빛난다. 그는 신이기에 전지전능하지만 동시에 연약하며 무력하다. 헤롯왕은 아기 예수가 태어나자마자 죽이려 했다. 아기 예수는 보호받아야 하며 몰래 이집트로 도망쳐서 평생의 과업을 시작할 수 있을 만큼 강해질 때까지, 그리고 그를 무너뜨리려 하는 세력이 몰락할 때까지 머물게 된다.

그림 3. 남성의 자기를 상징하는 층을 이룬 피라미드, 또는 피라미드 안의 피라미드

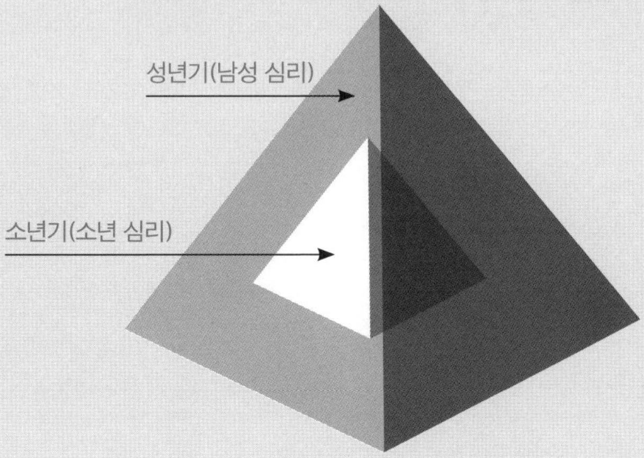

그런데 사람들이 눈여겨보지 않은 사실이 하나 있다면, 기독교의 신화가 유일한 것이 아니라는 점이다. 세계의 종교에는 기적의 남자 아기에 관한 이야기가 풍부하다. 기독교의 이야기도 실은 위대한 페르시아 예언자인 조로아스터의 탄생 신화에서 자연의 기적, 동방박사, 그리고 생명에 대한 위협 등 일부를 모방한 것이다. 유대교에는 유대인들의 해방자이며 선지자, 그리고 신과 인간의 중재자가 될 모세의 탄생에 관한 이야기가 있다. 그는 훗날 이집트의 왕자로 키워졌지만, 아기 때 파라오의 명령으로 목숨이 위험해져서 연약하고 무력한 모습으로 갈대 바구니에 실린 채 나일강에 띄워졌다. 이 이야기는 훨씬 더 오래된 메소포타미아의 위대한 왕

〈성탄〉, 귀스타브 도레(Gustave Doré), 1890년
예수의 탄생(누가복음 2:15-16)을 그린 귀스타브 도레의 판화. 아기 예수는 그림의 중심에서 사람과 동물들에 둘러싸여 있으며, 그 몸에서는 후광이 비친다.

'아카드의 사르곤'의 유년기를 본뜬 것이다. 이외에도 전 세계에 걸쳐 아기 부처, 아기 크리슈나[8], 아기 디오니소스에 관한 이야기들이 있다.

그보다도 더욱더 알려지지 않은 것이 바로 우리 종교에 보편적으로 출현하는 신성한 아기 소년의 모습이 인간 심리의 내면에서도 보편적이라는 사실이다. 심리분석을 받는 남성들의 꿈에서 이것을 볼 수 있는데, 특히 증상이 호전되기 시작할 때 그들은 빛과 즐거움과 경이로 가득한 남자 아기의 꿈을 자주 꾼다. 또한, 환자의 기분이 나아지기 시작할 때도 마찬가지로 아기의 꿈을 꾸는 경우가 많으며, 환자들 중 많은 이들이 (아마도 난생 처음으로) 아기를 갖고 싶다는 생각을 한다.

이런 현상은 뭔가 새롭고 신비하며, '순수한' 것이 그의 내면에서 발생하고 있다는 신호다. 그의 삶이 새로운 국면으로 접어든 것이다. 이제까지 모르고 있었던 창의적 내면이 무의식에서 솟아올라 의식의 세계로 들어온다. 하지만 그가 새로운 세계를 경험하며 우리 안의 신성한 아이의 존재를 자각하게 될 때마다 헤롯왕의 공격 또한 이어진다. 새로운 심리를 수반하는 새 삶은 항상 연약하다. 내면의 새 에너지를 자각하면 그것을 보호하기 위해 움직여야 한다. 곧 공격받게 될 것이기 때문이다. 치료를 받는 사람이 이렇게 말할 수도 있다. "나아지고 있는 것 같아요!" 하지만 내면의 목소리가 이렇게 말할지도 모른다. "아니야. 그렇지 않아. 너는

---

8 힌두교의 극히 인기 있는 영웅신

절대로 좋아질 수 없어." 그렇다면 연약한 신성한 아이를 '이집트'로 데려가 보호할 때가 된 것이다.

성탄을 주제로 한 이야기들을 들여다보면, 사랑스러운 동물들과 천사들이 지상의 평화를 선언한다. 우리는 그리스의 오르페우스 이야기에서 신성한 아이가 왕의 성숙한 남성의 이미지를 보여주는 원형 에너지임을 알 수 있다. 인간이자 동시에 신인 오르페우스가 세상의 중심에 앉아 리라를 켜면서 노래를 부르면 숲의 모든 동물들이 그에게로 다가온다. 맹수나 초식 동물 구분 없이 노랫소리에 이끌려 오는 것이다. 오르페우스의 주변에서 그들은 완벽한 조화를 이루며, 그들의 갈등이 해소되고, 반목하던 짐승들이 화합하여 속세를 초월하는 질서를 이룬다. (이것은 뒷장에서 다룰 제왕의 특징적 능력이다.)

하지만 신성한 아이가 동물 세계를 포함한 온 세상에 평화와 질서를 가져온다는 이야기는 고대 신화에만 있는 것이 아니다. 심리학적으로 봤을 때 동물은 흔히 인간 내면의 충돌하는 본능을 대변한다. 심리분석을 받던 한 청년이 소년기에 겪었던 특별한 경험을 이야기했다. 5, 6세 무렵의 어느 봄날 오후 그는 뭔가를 몹시 갈망하며 집 뒷마당으로 나갔다고 한다. 원하던 것이 정확하게 무엇이었는지 그때는 너무 어려서 알지 못했지만, 나중에 생각해보니 그것은 마음의 평화와 조화, 그리고 사물과의 일체감이었다. 그는 뒷마당에 자라는 커다란 떡갈나무에 등을 기대고 서서 자신이 만들어낸 노래를 불렀다. 그 노래는 그에게 최면과도 같은 것이었다. 그는 자신의 열망과 슬픔, 내면 깊은 곳에 감춰진 기쁨, 그리고 살아있는 모든 것에 대한 연민을 노래했다. 그것은 자신과 타인의 마음을 평온하게 해주는 자장가이자, 신성한 남자 아기에게 불러주는 자장가이기도 했다. 그러자 곧 새들이 떡갈나무로 날아들기 시작했다. 그는 계속해서 노래했고 새들도 계속해서 날아와 나무 주위를 날거나 나뭇가지에 앉았다. 마침내는 나무가 온통 새들로 가득 찼다. 나무는 새들이 날아옴으로써 생기가 돌았다. 소년에게는 새들이 그의 노래가 아름답고 연민이 가득해서 이끌려 온 것처럼 보였다. 새들은 소년의 아름다움을 확인해주는 존재였고, 그를 찬미하기 위해 날아와 그의 열망에 응답했다. 나무는 '생명 나무'가 되었다. 그의 내면의 신성한 아이가 확인됨에 따라 새로운 의미를 가지게 된 것이다.

신화 속에서 오르페우스, 예수, 아기 모세. 그리고 그 외 많은 지역의 신화와 심리치료를 받는 환자들의 꿈속과 소년들의 실제 경험에서 다양한 모습으로 등장하는 신성한 아이는 우리 모두의 유전자에 깊게 뿌리내리고 있는 것 같다. 아마도 태어나는 순간부터 이미 새겨져 있는 듯하다. 심리학 학파에 따라 불리는 이름도 다르고 평가되는 방식도 제각각이다. 대부분의 경우 심리학자들은 '신성한 아이 원형'을 비난하고, 환자로부터 분리시키려고 한다. 그러나 신성한 아이가 미성숙한 남성 원형의 바탕이 되는 근본 원형임을 인지해야 한다.

프로이트는 신성한 아이 원형을 이드[9], 즉 '그것it'이라고 불렀다. 그는 그것을 '원시적인' 혹은 '유아적인' 충동이며, 도덕적 관념이 없는 것, 강력한 것으로 봤으며 신처럼 위풍당당한 것이라고 여겼다. 그것은 우리에게 내재된 자연 본연의 힘의 분출이고, 아이의 끝없는 욕구를 충족시키는 것에만 관심이 있다.

심리학자인 알프레드 아들러는 그것을 인간 내면의 숨은 '권력욕'이며, 우리의 현실적인 연약함과 열등함을 감추기 위한 '우월감 콤플렉스'라고 여겼다. (신성한 아이는 전지전능한 우주의 중심이기도 하면서 동시에 완전히 무력하고 연약한 존재라는 것을 기억하시길. 사실 실제 아기들의 경험도 그렇다.)

'자기심리학self psychology' 이론을 발전시킨 하인츠 코헛은 그것을 우리 자신과 다른 이들에게 절대 충족될 수 없는 것을 요구하는 '과대자기 구조'라고 불렀다[10]. 가장 최근의 정신분석학 이론은 이 '유아기적인' 과대자기의 특징을 보이는 사람들은 '자기애성 성격장애narcissistic personality disorder' 성향이 있다고 본다.

그러나 칼 융 학파는 신성한 아이 원형을 다르게 본다. 그들은 '신성한 아이'가 대부분의 경우 병적인 것이 아니라고 본다. 융 학파에게 신성한

---

9 Id. 정신분석용어. 쾌락을 추구하고 불쾌함을 피하는 쾌감원리만을 따른다. 도덕도 선악도 없으며 논리적인 사고도 작용하지 않는다. 시간관념도 없고 무의식적이다. 어린 아기의 정신은 거의 전부 이드로 이루어졌는데, 나중에 바깥 세계와 접하면서 변화하여 자아(에고)가 형성된다.

10 grandiose self organization. 코헛의 자기심리학 이론으로, 자기(self)는 과대자기(grandiose self)와 전능대상(omnipotent object)이라는 두 부분구조(part structure)를 갖는다.

아이란 원형적 자기Self의 중요한 형태 가운데 하나다. 여기서의 자기는 자아(에고)와는 다르기 때문에 Self의 S를 대문자로 쓴다. 융 학파의 관점에서 우리 내면의 신성한 아이는 생명의 원천이다. 신성한 아이는 마법적인 성질, 힘을 주는 성질을 가졌고, 신성한 아이와 접하면 떡갈나무 아래의 소년이 그랬듯이 엄청난 행복감과 삶에 대한 열망, 평화감과 기쁨을 느낄 수 있다.

우리는 이 각각 다른 정신분석 학파들의 주장이 모두 맞다고 생각한다. 각 학파들은 이 에너지의 두 가지 다른 양상을 언급한다. 하나는 통합된 완전한 원형, 그리고 또 하나는 그림자 원형이다. 삼각형 원형 구조의 위 꼭짓점은 우리를 새롭게 만들고, 젊은 마음을 유지하게 해해주는 신성한 아이 원형이다. 삼각형의 아랫면 양쪽은 그림자 원형으로 각각 '아기 의자 폭군'과 '겁쟁이 왕자'라고 불린다.

아기 의자 폭군

'아기 의자 폭군'이란 어린 폰틀로이[11]가 아기 의자에 앉아 숟가락으로 그릇을 두드리며 엄마에게 밥을 먹여 달라, 키스해 달라, 이것저것 해 달라며 소리 지르는 이미지에서 완벽하게 볼 수 있다. 신성한 아이의 그

---

11 Little Lord Fauntleroy. 프랜시스 버넷의 소설《소공자》의 주인공. 미국 서민 출신 어머니와 영국 귀족 사이의 아들 세드릭이 영국으로 건너가 마침내 할아버지인 백작의 귀여움을 받게 되고 상속자가 된다는 줄거리로 소설 중에서는 밝고 명랑한 아이지만 출간된 소설의 삽화에서 보인 헤어스타일과 의상 때문에 부잣집의 버릇없는 도련님 이미지로 표현될 때가 많다.

림자 원형인 아기 의자 폭군 역시 세상의 중심이다. 다른 사람들은 모두 그가 필요로 하는 것, 원하는 것을 충족시켜 주기 위해 존재한다. 하지만 아기 의자 폭군의 요구사항을 충족시키기는 매우 어렵다. 음식을 주면 맛이 없어서, 원하던 것이 아니라서, 너무 뜨겁거나 차가워서, 너무 달아서 혹은 너무 써서 바닥에 음식을 뱉거나 던져버린다. 좀 더 자라 자기만이 옳다고 생각하는 아이가 되면 아주 배가 고플 때도 그에게는 어떤 음식도 만족스럽지 않게 될 것이다. 엄마가 달래다 실패하여 안아 들면 그는 소리 지르고 몸을 뒤틀며 엄마의 애정 표현을 거부할 것이다. 자신이 원하는 순간이 아니기 때문이다. 아기 의자 폭군은 자신의 허세와 끝없는 요구사항 때문에 자신에게도 해를 끼친다. 정말로 필요한 것, 즉 음식과 사랑을 거부하기 때문이다.

아기 의자 폭군의 특징은 오만(그리스인들은 hubris라고 불렀으며, 지나친 자존심 혹은 오만을 뜻한다), 부정적 의미의 유아스러움, 무책임 등이며 생리적 정서적 욕구를 충족해야 하는 아기인 자신에 대해서도 마찬가지다. 이런 면을 심리학자들은 허세inflation 혹은 병적인 자기애pathological narcissism라고 부른다. 아기 의자 폭군은 자신이 세상의 중심이 아니며, 세상이 자신의 모든 욕구, 혹은 끝없는 욕구와 신처럼 행동하는 것을 충족시켜주기 위해 존재하는 것이 아니라는 사실을 배울 필요가 있다. 세상은 그를 양육할 것이다. 그러나 신처럼은 아니다.

아기 의자 폭군 원형은 왕의 그림자 원형인 '그림자 왕Shadow King'의 원형으로 성인기까지 영향을 미치는 지배적 원형이 될 수 있다. 우리는 처

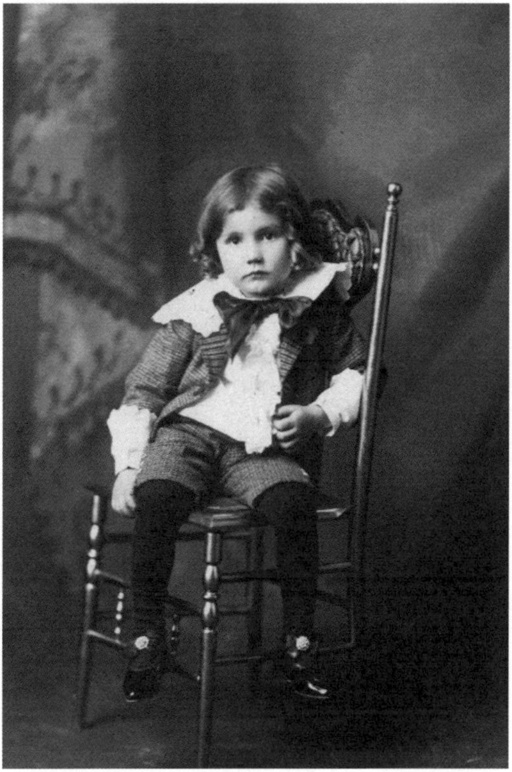

아기 의자 위에 높게 앉은 리틀 폰틀로이, 즉 소공자는 영미권에서 버릇없는 도련님의 대명사처럼 여겨진다. 19세기 후반 오하이오에서 촬영되었다.

음에 유명해졌다가 추락해 버리는 유망한 지도자, CEO, 대선후보자 등의 이야기를 알고 있다. 그는 자신의 성공을 스스로 막고 바닥으로 추락해 버린다. 고대 그리스인들은 오만(휴브리스)에는 항상 보복(네메시스)[12]이 따른다고 했다. 신들은 항상 지나치게 오만해지는 자, 요구가 많은 자, 혹은 허세가 많은 자를 벌했다. 이카루스는 깃털과 밀랍으로 날개를 만들어 새처럼(혹은 '신'처럼) 날고자 했다. 그는 아버지의 경고에도 불구하고 자만심에 가득 차 태양에 지나치게 근접했다. 태양의 열이 밀랍을 녹여 날개가 흩어지자 그는 바다에 추락하고 말았다.

우리는 "권력은 부패하고, 절대 권력은 절대적으로 부패한다."라는 격언을 흔히 들었다. 프랑스의 루이 16세는 오만 때문에 목숨을 잃었다. 우리가 조직 내에서 높은 자리를 차지하며 차츰 힘이 생기면 자기 파괴의 위험도 그에 따라 차츰 커진다. 무슨 일이 일어나고 있는지 관심이 없고 예스맨만을 원하는 상사, 참모의 충고를 받아들이지 않는 대통령, 교사들의 비판에 귀를 기울이지 않는 교장…. 이들은 모두 아기 의자 폭군에서 벗어나지 못한 사람들이며, 파멸의 길을 걷는 것이다.

숙주를 공격하는 아기 의자 폭군 원형도 있다. 바로 완벽주의자다. 그는 자기 자신에게 불가능한 것을 기대하며, 내면의 유아의 요구를 충족시키지 못할 때 스스로를 맹렬히 비난한다. 아기 의자 폭군 원형은 일을 더

---

12 Nemesis. 복수의 여신. 그리스 신화의 관점에서 인간의 불의를 용서하지 않는 신

많이, 더 잘하도록 몰아세우지만 어떤 결과에든 만족하지 못한다. 내면의 아기 의자 폭군의 비난으로 불행한 사람은 두 살 아기의 허세의 노예가 된다. 그는 항상 더 많은 것을 원하며, 결코 실수하면 안 된다. 내면의 아기 폭군의 요구를 충족시키지 못하기 때문에 궤양이 생기고 질병에 걸리며 마침내는 끝없는 압박을 견디지 못하게 된다. 이 폭군을 제지하려면 심장마비라도 일으켜야 한다. 완벽주의자는 계속해서 폭군에 맞서지만, 벗어나는 길은 결국 죽음뿐이다.

아기 의자 폭군을 제어하지 못한 사람들은 스탈린이나 칼리굴라, 히틀러 같은 악랄한 소시오패스가 되었다. 이런 사람들은 자신의 허세나 자신의 마음속에 끝도 없이 요구하는 '신'이 있다는 것을 인정하느니 차라리 회사가 망하는 것을 택하는 CEO가 되거나, 작은 히틀러 같은 사람이 되어 나라를 망치게 될 것이다.

아기 의자 폭군은 그저 자신의 모습 그대로 머물면서 모든 것들이 자신을 향해 오는 것을 바란다. 직접 행동하기를 원치 않는다. 예술가는 손가락도 까딱하지 않으면서 사람들의 인정을 받고 싶어 한다. CEO는 자신의 사무실에 앉아 가죽 의자와 시가와 매력적인 비서를 즐기며 높은 임금을 받고 특권을 즐기지만, 회사를 위해 아무것도 하고 싶어 하지 않는다. 그는 자신이 무적이라 생각하며, 매우 중요한 사람이라 여긴다. 뭔가를 성취하려고 애쓰는 다른 사람들을 폄훼하고 깎아내리며 자기 자신의 높은 의자에 앉아 참수를 (혹은 해고를) 맞게 되는 것이다.

겁쟁이 왕자

신성한 아이의 그림자 원형에서 '아기 의자 폭군'의 다른 극은 '겁쟁이 왕자'다. 겁쟁이 왕자 유형의 소년이나 남성은 매우 특징이 없는 성격을 가졌고 삶에 대한 열망도 없으며 주도적으로 행동하지 않는 것으로 보인다. 이런 아이들은 사람들이 매우 소중하게 여겨주기를 원하고 자신의 무력함을 침묵하거나 하소연하거나 불평함으로써 주변 사람들을 좌지우지한다. 베개를 벤 채로 옮겨줘야 하며 모든 것을 버거워한다. 아이들의 게임에도 거의 참여하지 않는다. 친구도 거의 없고 학교 성적도 좋지 않다. 건강 염려증이 있는 경우가 많으며 부모가 이래라저래라 하는 것도 싫어한다. 온 가족이 이 아이를 중심으로 돌아간다. 무력감을 과장하고 비수 같은 말로 형제자매를 괴롭힌다. 신랄하게 비꼬는 말로 주변 사람들에게 상처를 주며 그들의 감정을 조종하지만, 이미 부모에게는 무력한 인생의 희생자라고 각인시켰으므로 형제자매와 분란이 일어나면 그의 부모들은 상대 탓을 하며 아이를 책임에서 면제해준다.

겁쟁이 왕자는 아기 의자 폭군의 정반대다. 아기 의자 폭군처럼 떼를 쓰지는 않지만 좀 더 감지하기가 어려울 뿐 신성한 아이의 그림자 원형인 것은 마찬가지다. 모든 양극 장애가 그렇듯이 한 극에 치우친 자아(에고)는 때때로, 다른 극으로 차츰 기울어지거나 갑작스럽게 다른 극으로 바뀌기도 한다. 자석의 양극으로 이 현상을 설명한다면 전류가 통과하는 방향에 따라 자석의 극이 바뀌는 현상으로 볼 수 있다. 신성한 아이의 그림자 원형의 양극을 가진 소년에게 이런 역전 현상이 일어날 때 그는 떼쟁이 폭군처럼 짜증을 있는 대로 부리다가 극도로 우울한 수동적인 모습을 보이거나, 나약한 상태였다가 갑자기 분노를 폭발시키기도 한다.

신성한 아이 원형에 접하기

신성한 아이 원형에 올바르게 접근하기 위해서는 우리는 신성한 아이를 인정하되 그것과 우리를 동일시해서는 안 된다. 남성 자아의 초기적 원형인 신성한 아이의 창의성과 아름다움을 인정하고 사랑할 필요가 있다. 신성한 아이 원형과 관계를 맺지 못한다면 삶 속에서의 가능성도 보지 못하게 될 것이기 때문이다. 새로운 것, 신선한 것에 대한 기회를 잡지 못하게 될 것이다.

행동가, 예술가, 행정가, 선생님, 혹은 그 누구든 지도자의 위치에 있는 사람은 자신의 잠재성을 완전하게 펼치고, 자신의 신념과 생산성, 창의성뿐 아니라 다른 이들의 것도 함께 발전시키기 위해, 창의적이고 유쾌한 신성한 아이 원형과 접할 필요가 있다. 이 관계를 유지하면 실패했다거나 지루한 느낌을 갖지 않게 되고 인간의 풍부한 잠재성을 보지 못하는 일도 없게 된다.

우리는 정신과 의사들이 환자의 부풀려진 자아를 대개 폄하했음을 지적했다. 때로는 환자들이 신성한 아이 원형으로부터 감정적 인지적 거리를 가질 필요가 있지만 우리는 (적어도 치료를 필요로 하는 사람들 중에서는) 신성한 아이의 창의력을 가진 성인 남성을 많이 만나보지 못했다. 오히려 그들은 그 원형과 접해야만 하는 경우가 많았다. 우리는 성인 남성의 위대함을 발현시키기를 원한다. 또한 야망을 갖게 하기 원한다. 우리는 평범함이 저주가 되는 시대에 살고 있다. 평범함은 하찮음을 높여 부르는 것으로 여겨진다. 끊임없이 환자의 부풀려진 자아의 '뛰어남'을 폄하하는 심리치료사는 그들 자신 역시 신성한 아이 원형에서 멀어진 사람들이다. 그들은 아름다움, 신선함, 창의성과 생명력을 질투하는 것이다.

고대 로마인들은 모든 아기가 태어날 때 각각 수호 정령인 '게니우스'[13]를 가지고 태어났다고 믿었다. 로마의 생일파티는 아기의 탄생을 축하하기보다는 아기와 함께 세상으로 온 게니우스에게 경의를 표하기 위한 것이었다. 로마인들은 한 사람의 음악이나 예술, 정치적 수완, 혹은 용기 있는 행동 등이 그 사람의 자아Ego에 의한 것이 아님을 알고 있었다. 그것은 신성한 아이, 즉 그의 내면의 자기Self의 한 측면임을 알았던 것이다.

우리는 자신에게 두 가지 질문을 해야 한다. 하나는 우리가 아기 의자 폭군이나 겁쟁이 왕자의 모습을 보이는지가 아니라, 어떤 방식으로 그 모습을 보이느냐다. 우리 모두가 두 가지 면을 다 어느 정도, 어떤 형태로든 보이기 때문이다. 평소에 드러나지 않는다고 해도 극도로 피곤할 때 혹은 극도의 두려움에 어린아이 같은 모습을 보일 때 드러나게 된다. 두 번째 질문은 우리 내면에 창의적인 아이가 존재하는지 안 하는지가 아니라 그

---

13 genius. 로마 신화에 등장하는 남성의 수호신으로 출생과 죽음, 성격과 운명을 관장한다. 개인이 죽으면 그의 게니우스도 소멸한다. 남성의 수호신 게니우스에 대응하는 여성의 수호신은 유노였다. 게니우스는 그리스 신화에 등장하는 정령 다이몬(데몬)과 동일시된다. 천재를 뜻하는 영어 단어'genius'는 게니우스에서 유래하였다.

아이를 존중하는지 혹은 존중하지 않는지다. 우리가 우리의 삶과 일터에서 그를 느끼지 못한다면 우리 자신이 그를 차단하고 있는 건 아닌지 스스로 물어봐야 한다.

조숙한 아이

고대 이집트의 마법사이자 고위 관료였던 이모텝[14]의 소년 모습의 조각상이 있다. 작은 왕좌에 앉아서 두루마리를 읽고 있는 모습이다. 그의 얼굴은 온화하고 생각에 잠긴 듯하지만, 내면의 빛으로 생기를 띤다. 그의 눈은 아래로 향해서 손에 경건하게 든 글을 읽고 있다. 그의 자세는 우아하며 자신감과 집중력을 보여준다. 실물 그대로의 묘사는 아니지만, 이 조각상은 조숙한 아이 원형의 이미지다.

조숙한 아이 원형은 아이가 열성적으로 배우고자 할 때, 아이가 뭔가에 자극받아서 열기를 띨 때, 자신이 배우고 있는 것을 다른 사람들과 나누고 싶어 할 때 드러난다. 아이의 눈이 반짝거리고 몸과 마음이 활기를 띠고 힘이 넘쳐서 아이가 생각의 세계를 탐험하고 있음을 보여준다. 아이는 모든 것에 대해 '왜 그런지' 알고 싶어 한다. 부모에게 "왜 하늘이 파래요?" "왜 나뭇잎이 떨어져요?" "왜 모두 죽는 거예요?" 아이는 또한 '어떻게' 그런 건지도, '무엇인지', '어디인지'도 모두 알고 싶어 한다. 흔히 이런

---

14 Imhotep. 고대 이집트의 학자이며 태양신 라를 섬기는 대제사장. 역사에 등장하는 최초의 공학자, 건축학자, 내과 의사

〈아이 이모텝〉, 프톨레마이오스 왕조 시기(기원전 332-30), 루브르 박물관
고대 이집트의 공학자, 과학자, 피라미드의 설계자인 이모텝의 아이 모습을 묘사하는 청동제 조각상.

아이들은 자신의 질문에 스스로 답을 찾으려고 이른 나이에 읽기를 배운다. 대부분 우수한 학생이고 수업 중 토론에도 열성적으로 참여한다. 이런 아이들은 종종 한 분야 혹은 여러 분야에 재능을 보인다. 그림을 잘 그릴 수도 있고 악기를 능숙하게 연주하기도 하며, 운동 능력이 탁월한 경우도 있다.

조숙한 아이는 우리의 호기심과 모험적 충동의 원형이다. 이 원형은 우리가 미지의 이상하고 신비로운 세계의 탐험가이자 선구자가 되도록 부추기며, 우리를 둘러싼 세상과 우리 내면의 세상에 대해 경이감을 갖도록 한다. 조숙한 아이 원형의 영향을 받는 소년은 다른 사람들을 움직이게 하는 것이 무엇인지, 그리고 자기 자신을 움직이게 하는 것이 무엇인지 알고 싶어 하며, 사람들이 왜 그렇게 행동하는지, 왜 그런 감정을 느꼈는지 알고 싶어 한다. 조숙한 아이는 내성적이고 사색적인 경향이 있으며 사물 간의 보이지 않는 관계를 이해할 수 있다. 그는 또래들보다 훨씬 앞서서 주변의 사람들로부터 인지 분리[15]를 하며, 내성적이고 사색적이지만 동시에 외향적이고, 다른 사람들에게 진지하게 손을 내밀어 자신의 통찰력과 재능을 나누려고 한다. 자신의 지식으로 남을 돕고자 하는 충동을 자주 강하게 느끼며, 친구들이 그에게 고민을 상담하고 도움을 청하기도 한다. 남성의 내면의 조숙한 아이는 경이감과 호기심을 유지시켜주고 지성을 자극하며, 성숙한 마법사로 성장하도록 이끈다.

잘난 척하는 사기꾼

조숙한 아이의 그림자 양극 원형도 다른 소년기 그림자 원형과 마찬가지로 성인기가 될 때까지 남아있을 수 있다. 이런 사람들은 생각, 느낌, 행동에서 부적절하게 아이 같은 모습을 보인다. 잘난 척하는 사기꾼 유형은 이름에서도 알 수 있듯, 정도의 차이는 있지만 자신에게나 다른 사람들에게 속임수를 쓰며 영향을 준다. 그들은 자신의 겉모습을 그럴듯하게

15 cognitive detachment. 다른 사람들에게 동화되지 않고 자기만의 느낌과 인식을 가지는 것

보이게 하여 다른 사람들로 하여금 외모에 현혹하도록 만드는 데 뛰어나다. 사람들의 환심을 산 다음 갑자기 외면한다. 사람들로 하여금 그들을 믿고 신뢰하게 만들고 나서 배신하고 사람들의 비참한 마음을 조롱한다. 정글 속의 낙원으로 데려가서 독을 먹이는 격이다. 그들은 항상 속이기 쉬운 사람들을 찾으며, 다른 사람들을 잘 속여 넘기고 조롱하는 능수능란한 조종자들이다.

'잘난 척하는 소년 혹은 성인 남성'은 사기꾼의 하위 원형으로, 다른 사람들을 화나게 하는 것을 즐긴다. 이 원형의 영향을 받는 소년(혹은 남성)은 말을 많이 한다. 수업 시간에도 항상 손을 들지만, 토론에 참여하고 싶어서가 아니라 반 친구들이 그가 다른 아이들보다 더 똑똑하다고 생각하게 하기 위해서다. 그는 자신에 비해서 반 친구들이 스스로 어리석다고 여기기를 원한다.

잘난 척하는 소년은 지적인 면만을 과장하는 것이 아니다. 어떤 분야의 주제나 행동에서도 아는 척 나선다. 영국의 한 부유한 가문의 소년이 YMCA의 캠프에서 여름을 보내려고 미국에 왔다. 그는 다른 아이들을 플립(역주: plebe. 평범한 사람이라는 뜻)이라 부르며 외교관인 아버지와 함께 유럽과 아시아를 여행한 것에 대해 떠벌렸다. 다른 아이들이 그가 가본 도시에 대해 자세하게 말해달라고 요청하면 이렇게 말하곤 했다. "멍청한 미국인들. 너희들이 본 건 옥수수밭밖에 없지?" 그리고는 영국 상류층의 어투를 쓰며 '나는 너희보다 우월하다'라는 식의 행동을 했다. 말할 것도 없이 미국 아이들은 수치스러워했고 분노했다.

잘난 척하는 원형의 소년 혹은 남성은 많은 적을 만든다. 그는 다른 아이들을 말로써 괴롭히고, 그들을 자신보다 열등하다고 생각한다. 결과적으로 초등학교 때는 화난 소년들에게 자주 얻어맞기도 한다. 눈에 시퍼렇게 멍이 들어서도 그는 자신의 우월성을 확신한다. 한 극단적인 예로, 한 잘난 척하는 소년은 자신이 재림한 예수라고 믿게 되었다. 그가 이해할 수 없는 단 한 가지는 세상이 자신을 알아보지 못하는 이유였다.

조숙한 아이의 그림자 원형에 사로잡힌 '잘난 척하는' 성인 남성은 정장을 차려입고, 서류가방을 들고서 "나는 너무 바쁘고 너무 중요한 사람이라서 너희들과 이야기를 나눌 수가 없어"와 같은 태도를 가지고, 특유의 오만한 표정과 웃음을 띤다. 흔히 대화를 주도하며, 친밀감 넘치는 대화를 설교나 누군가에 대한 비난으로 바꿔버리고, 자신이 알고 있는 것을 혹여 누군가 모르고 있거나, 자신과 다른 의견을 가진 사람이 있으면 멸시한다. '사기꾼'은 그 아래에서 작동하는 '잘난 척'의 우산 역할을 하는 콤플렉스로, 이 유형에 영향을 받는 사람들은 자신의 지적 깊이나 사회적 중요성을 과장하기 위해 타인을, 어쩌면 자신까지 속인다.

다만 이들에게 긍정적인 면도 있다. 그들은 자아(에고)의 거품을 빼는 데 매우 능숙하다. 다른 사람들의 것뿐만 아니라 자신의 것들도 마찬가지다. 그리고 평소 우리는 거품을 뺄 필요가 있다. 그는 우리의 자존감이 부풀려지고 과장되는 순간을 바로 포착하고, 왜, 어떻게 부풀려지는지도 파악하여 바로 달려들어서 원래의 크기로 되돌리고, 우리 자신의 나약함을 마주하게 한다. 이것은 중세 유럽 왕궁의 광대의 역할이기도 했다. 화려한 연회에서 모두 왕을 우러러볼 때, 그리고 왕 자신도 스스로를 대단하다고 여기기 시작할 때, 난데없이 광대가 연회 한가운데로 뛰어들어 방귀를 뀐다. 그 행위는 "허세 부리지 마세요. 인간끼리 부여한 지위가 어떻든 간에 우리는 다 같은 인간일 뿐입니다"를 뜻한다.

성경 속의 예수는 사탄을 거짓말의 아버지라고 부른다. 즉 사탄을 '사기꾼'의 부정적 양상으로 보는 것이다. 하지만 성경도 우회적으로 사탄, 혹은 사기꾼의 긍정적인 측면을 보여준다. 우리 대부분이 그 점을 모르고 지나쳤을 뿐이다. 예를 들어, 성경의 욥기는 욥과 신의 상호 존중의 관계를 보여준다. 신은 욥에게 막대한 부와 건강, 그리고 많은 후손을 주었다. 이에 대해 욥은 신을 끝없이 찬양한다. 그런데 그때, 이 둘의 관계에서 위선의 냄새를 맡은 사탄이 끼어든다. 그는 진실을 밝혀내는 말썽꾸러기다. 그는 만약 신이 욥에게 저주를 내리면 욥이 결국 신에 대한 찬미를 멈추리라고 생각했다. 신은 사탄을 믿고 싶지 않았지만, 그 계획을 결국 따른다. 아마도 사탄이 옳다는 것을 직감으로 알고 있었을 것이다. 그리고 짐작 그대로였다. 신이 욥이 가진 모든 것, 가족, 부, 건강을 빼앗자 욥은 자신의 피상적인 경건함을 던져버리고 신을 향해 주먹을 휘두르며 비난했다.

에덴의 동산 이야기에서도 사탄은 '좋은' 창조의 부정직한 면과 혼란스러운 면을 부각시키기 위해 말썽을 피운다. 신은 자신이 창조한 것은 모두 선한 것이라고 믿고 싶었지만, 어쨌든 '악'을 창조했고 그것을 선악을 판단하는 지혜의 나무에 매달아 놓았다. 사탄은 '선한 것'들의 나쁜 면을 드러내기 위해 뱀의 형상으로 나타나 아담과 이브를 '타락'시키는 데 성공했다. 신의 창조물의 '악', 결과적으로 창조주의 '악'을 드러낸 후에야 비로소 진실과 치유가 시작된다.

뮤지컬《웨스트 사이드 스토리》의 젊은 갱단 멤버들은 크럽키 경관에게 허세 가득하며 어릿광대처럼 과장된 모습으로 그들 자신과 그들의 폭력적인 행동에 대해 변명하지만, 그들을 갱단으로 만든 사회의 어두운 면에 대해 실제로 꽤 정확하게 설명한다.

사기꾼 원형은 어떻게 작동되는 것인지 예를 들어보자. 당신은 인생 최고의 프레젠테이션을 준비하는 중이다. 당신은 자신의 특출한 통찰력에 대해 매우 자랑스러워하며, 컴퓨터 앞에 앉아서 입력해 두었던 기록의 인쇄 버튼을 누른다. 그런데 프린터가 작동하지 않는다. 당신 자신의 내면의 사기꾼이 당신을 속이는 것이 이러한 방식이다.

혹은 당신이 어떤 중요한 모임에 참석하려 한다. 모든 사람들이 단지 몇 분 정도 당신을 기다리게 하도록 시간을 짰다. 당신이 얼마나 중요한 인물인지 충분히 알 수 있을 정도로만 늦을 계획이다. 마침내 위풍당당하게 그곳으로 가기 위해 차로 향한다. 그런데 자동차 열쇠가 없다. 열쇠는 차 안에 꽂혀있으며 차 문은 잠겨있다. 휴브리스(오만)는 네메시스(응징)를 끌어들인다. 이것이 내면의 사기꾼 원형이 우리 자신에게 피해를 주는 방식이다. (장기적으로는 오히려 도움이 된다.)

그러나 사기꾼 유형은 우리를 통해 다른 사람에게도 피해를 준다. 다른 누군가가 당신에게 똑같은 짓을 해서 당신 스스로 그것이 얼마나 상처가 되는지 느껴볼 때까지는 당신도 다른 사람을 조롱하고 무자비하게 괴롭히는 사람일 수 있다. 예를 들어, 당신은 자동차의 진짜 가격을 숨기고 고객을 속이는 자동차 판매원인데, 당신의 회사가 당신을 속여 실제 수당보다 적게 주는 것이다.

우리는 이 원형을 전형적으로 보여주는 대학원생 한 명을 알고 있다. 그는 재치 있지만 유쾌하지는 않은 유머로 다른 사람들의 약점을 드러내는 것을 즐겼다. 수업 중에는 교수의 실수를 지적하며 조롱했고, 교장이 말을 더듬거나 하면 웃었다. 정치에 관심이 있었고 흥미를 느끼는 분야의 학생 운동을 조직하고 싶어 했지만, 지지자와 멘토 등 가장 필요한 사람들이 그에게서 멀어졌다. 그는 자신의 기만적인 행동 때문에 사람들에게서 외면을 받았고 무력해졌다. 나중에 심리치료를 받고, 아메리카 원주민의 사기꾼 유형에 대해 연구하면서 비로소 그는 자신이 어떤 유형의 사람인지를 깨달았고 마침내 강박적이고 자기 파괴적인 행동을 고칠 수 있었다.

가장 친숙한 사기꾼은 아마도 성경 속 등장인물일 것이다. 야곱과 에서의 이야기에서 야곱은 에서에게 죽 한 그릇을 팔고 그 대가로 에서의 생득권[16]을 넘겨받았다. 자신의 형인 에서를 속여 아버지의 상속인으로서

16 태어날 때부터 가지고 있는 권리. 유산이나 이름의 가치 등

의 모든 지위와 부를 받은 것이다. 그는 자신의 잔꾀로 원래 자신의 것이 아닌 것을 빼앗았다.

우리는 이 미성숙한 원형에 대해 잘 알아야 한다. 긍정적으로는 거짓말을 드러내는 역할을 하지만 곧이곧대로 받아들일 경우에는 부정적으로 작용해서 자기 자신과 다른 사람들에게 상처를 입힌다. 이 원형 에너지는 사람들의 진정한 노력과 올바른 행동, 다른 이들의 아름다운 점들을 폄하하고 비난한다. 아기 의자 폭군과 마찬가지로 사기꾼 유형은 자기 자신은 아무것도 하려 들지 않으며, 정직하게 노력해서 뭔가를 얻고 싶어 하지 않는다. 그는 그저 노력 없이, 자신이 원하는 존재가 되려 한다. 하지만 그렇게 될 권리가 없다. 심리학 용어로 이런 사람을 수동공격적 인격이라고 말한다.

이 유형의 사람들은 위대한 사람이 추락하는 것을 추구하며, 중요한 사람이 파멸하는 것을 즐긴다. 하지만 그 사람을 대신하려고 하지는 않는다. 그 사람의 책임을 떠맡기를 원하지 않는 것이다. 그저 다른 사람들을 파멸시키는 것으로 만족한다.

사기꾼의 에너지는 소년이나 소년 같은 성인 남성이 권위에 대해 거부감을 가지도록 만든다. 이런 소년 혹은 남성은 항상 증오할 대상을 찾고 마침내는 쓰러뜨린다. 그는 권력을 가진 사람은 모두 부정하다고 뿌리 깊이 믿고 있다. 하지만 겁쟁이 왕자 원형이 그렇듯이 그 역시 인생의 주변에서 어슬렁거리기만 할 뿐 자기 자신 혹은 자신의 행동에 대해서 책임질 능력이 없다.

그의 에너지는 질투에서 나온다. 그가 자신의 진정한 능력이나 재능을 이루지 못하면 못할수록 다른 사람을 더욱더 질투한다. 누군가를 강하게 질투할 때 우리는 우리 자신의 위대함, 우리 내면의 '신성한 아이'를 부정하는 것이다. 우리가 해야 할 일은 자신의 특별함과 아름다움, 창의성을 느끼고 받아들이는 것이다. 질투는 창의성을 막는다.

사기꾼 원형은 미성숙한 남자 혹은 소년이 신성한 아이를 받아들이는 것을 거부함으로써 생긴 공백을 서둘러 채우려고 한다. 또한 부모님(혹은 손위 형제자매)이 우리를 비난하고 폄하할 때, 감정적으로 학대당했을 때 차츰 더 힘을 얻게 된다. 자신의 특별함을 느끼지 못하면 우리는 '사기꾼'과 '잘난 척' 유형으로 이끌려 들어가서 특히 다른 사람들이 자만하지 않을 때도 그들의 특별함을 폄하하고 깎아내린다. '잘난 척하는 사기꾼'들에게는 영웅이 없다. 다른 사람을 숭배하지 않기 때문이다. 우리는 자기 자신이 가치가 있다고 믿고, 자신의 창의적 에너지에 대해 안정감을 느낄 수 있을 때만 다른 사람들도 존경할 수 있다.

바보

조숙한 아이의 그림자 원형의 다른 극에 있는 소년(혹은 남성)은 '순진한 바보' 원형으로, 겁쟁이 왕자와 마찬가지로 개성과 활력, 창의성이 부족하다. 그는 무반응인데다 매우 따분하며 구구단을 외우거나, 잔돈을 맞게 계산하거나 정확한 시간을 말할 능력이 없어 보인다. 흔히 학습장애아라고 불리며 유머를 이해하지 못하고 말귀를 잘 못 알아듣는다. 정신적으로뿐 아니라 신체적으로도 서툴러서 종종 웃음거리가 되고 멸시의 대상이 된다. 운동장에서는 공을 놓치기 일쑤고 야구를 하면 9회 말에 삼진아웃을 당한다. 이 아이는 순진해 보이기도 한다. 그는 성에 대해 가장 늦게 깨우치는 아이다. 혹은 그렇게 보인다.

그러나 이 '바보' 원형 아이의 결함은 정직하지 않은 것이다. 보이는 것보다 많은 것을 알고 있지만, 바보 같은 행동으로 내면을 감추고 있다. 자신이 너무 중요한 사람이라서 (또한 연약한 사람이라서) 세상에 드러낼 수 없다고 생각한다. 그러므로 '잘난 척하는 사람'과 교묘하게 뒤섞인 것으로 바보 역시 사기꾼의 일종이다.

오이디푸스적 아이

모든 미성숙한 남성의 에너지는 어떤 식으로든 '어머니'와 과도하게 연관돼 있으며, 보호자 역할의 성숙한 남성의 경험이 부족하다.

하지만 '오이디푸스적 아이' 원형의 영향을 강하게 받는 아이는 보호자 역할 남성의 경험이 부족하다고 해도 그는 원형의 긍정적 특성에 접할 수 있다. 그는 열정적이고 경이감을 가지고 있으며 자신의 깊은 내면, 다른 사람들, 그리고 다른 모든 것들과 연결되어 있음을 잘 안다. 그는 따뜻하고 다른 사람들과 친밀한 관계를 유지하며 애정이 넘친다. 그는 또한 엄마와의 가까운 관계(모든 사람들의 가장 중요한 관계) 경험을 통해 '영적인 것'의 근원을 보여준다. 그의 다른 사물들과의 신비로운 일체감과 상호 교감은 끝없는 보살핌과 궁극의 선, 최고의 아름다움인 '어머니'에 대한 깊은 동경에서 우러나는 것이다.

여기에서 말하는 '어머니'는 그의 실제 어머니를 가리키는 것이 아니다. 그가 유대감, 완벽하고 궁극적인 사랑과 보살핌을 필요로 할 때 실제의 어머니는 그를 실망시킬 수밖에 없다. 실제 어머니를 초월하고, 이 세상에서 얻을 수 있는 모든 아름다움과 감각(그리스인들이 '에로스'라고 부르는 것)을 뛰어넘으며, 자신의 내면의 삶에서 보는 깊은 느낌과 이미지로 경험되는 '어머니'는 '위대한 어머니Great Mother'로, 많은 민족의 신화나 전설, 문화 속에서 여러 모습으로 비치는 여신이다.

어머니와의 문제를 해결하기 위해 심리분석을 받은 한 청년이 자신의 무의식에서 얻은 통찰력에 대해 말했다. 심리분석이 반 정도 진행되었을 때 그는 어머니를 방문했고, 둘은 늘 그랬듯 또 다투게 되었다. 그는 어머니에게 자신이 하고자 하는 말을 이해시킬 수가 없었다. 그는 짜증이 나서 자신도 모르게 "하느님, 전능하신 어머니!"라고 말했다. 그것은 '프로이트의 말실수'[17]라고 불리는 실수였다. 그는 "전능하신 하느님, 어머니!"라고 말하고 싶었던 것이다. 그와 그의 어머니는 말다툼을 멈추고 당황해하며 웃었다. 그가 실수로 한 말의 의미를 알아차렸기 때문이다. 그때 이후로 그는 전능한 어머니의 영적 느낌을 원형적인 위대한 어머니에게로 향하기 시작했다. 이제까지 자신의 실제 어머니를 원형적 어머니로 여겨왔

---

17 Freudian slip. 은연중에 속마음을 들켜버리는 실언을 하는 것을 가리키는 용어. 남에게 감추고 싶은 생각을 무의식중에 밖으로 드러내는 것.

다는 사실을 깨닫게 된 것이다. 그는 자신의 어머니를 위대한 어머니로 여기던 것을 멈추고 어머니와 다른 여성들을 신처럼 완벽하게 여겼던 부담을 덜어 주었다. 이것으로 그는 어머니와의 관계를 개선했을 뿐 아니라 여자친구와의 관계도 개선했다. 그러면서 동시에 영적 느낌도 더욱 깊어졌다. 그는 자신의 깊은 일체감을 한 단계 더욱 발전시키게 되었다.

마마보이

오이디푸스적 아이의 그림자 원형은 마마보이와 몽상가다. 마마보이The Mama's Boy는 우리 모두가 알고 있듯이 '엄마의 치맛자락에 매달린' 아이다. 그는 아버지를 떼어내고 어머니와 결혼하는 것을 꿈꾼다. 아버지가 없거나 약하다면 소위 '오이디푸스적 욕구'가 더 강해져서 오이디푸스적 아이 원형의 그림자 원형인 마마보이 유형이 그를 사로잡아 버린다.

오이디푸스 콤플렉스라는 용어는 프로이트가 만든 것이다. 그는 오이디푸스 왕의 이야기에서 이 미성숙한 남성 에너지 형태의 신화적 설명을 보았다. 오이디푸스 왕의 이야기는 매우 잘 알려져 있다.

테베의 라이오스왕과 그의 아내 이오카스테는 남자아이를 낳아 이름을 오이디푸스라 지었다. 오이디푸스가 성인이 되면 그의 아버지를 죽일 것이라는 예언 때문에 라이오스는 아기를 시골로 데려가 언덕에 버렸다. 하지만 신성한 아기들이 늘 그렇듯 오이디푸스도 양치기에 의해 구조되어 어른이 될 때까지 자랐다.

어느 날, 오이디푸스가 시골길을 걷고 있을 때 마차가 거의 그를 칠 뻔

〈라이오스를 살해하는 오이디푸스〉, 조셉 블랑, 1867년, 파리 국립 고등미술학교
오이디푸스는 마차를 타고 지나가는 늙은이와 시비 끝에 살인을 저지른다. 그 희생자는 알고 보니 아버지 라이오스왕이었고, 머지않아 오이디푸스는 자신의 어머니 이오카스테와 결혼하게 된다. 프로이트는 소년의 발달과정의 특성, 즉 어머니를 차지하고 아버지를 없애려는 욕망을 설명하며 이 오이디푸스의 신화를 인용하였다.

했다. 오이디푸스는 마차 주인과 싸우다가 그를 죽여버렸다. 마차 주인은 사실 그의 아버지 라이오스왕이었다. 그 후 오이디푸스는 테베로 갔으며, 여왕이 남편을 구하고 있다는 이야기를 들었다. 여왕은 그의 어머니 이오카스테였다. 오이디푸스는 그녀와 결혼해 아버지의 왕좌를 물려받았다. 몇 년 후 테베에 전염병이 돌았을 때 신탁을 통해 이 끔찍한 진실이 밝혀졌고 오이디푸스는 절망했다. 이 이야기의 바탕에 깔린 심리학적 진실은 오이디푸스는 무의식적으로 오만했다는 것이다. 그는 아버지('신')를 죽이고 어머니('여신')와 결혼함으로써 신의 벌을 받았다. 무의식적으로 신처럼 오만하게 행동했기 때문에 파멸한 것이다. (소년의) 발달이라는 관점에서 보면 어머니는 여신이고 아버지는 신이다. 어머니에게 심적으로 지나치게 의존하는 소년들은 상처를 받는다.

사랑의 여신 아프로디테의 연인인 아도니스의 이야기도 있다. 여신을 넘보는 인간은 용서받을 수 없기에 아도니스는 야생 멧돼지에게 죽음을 당한다. 멧돼지는 사실은 신이 동물로 변신한 것으로, 즉 아버지에 의해 죽임을 당한 것이다.

마마보이에게는 또 다른 일도 일어난다. 그는 이 여자 저 여자를 바꿔가며 어머니(완벽한 여성 혹은 여신)와의 일치감을 갈망하며 아름답고 슬픈 사랑을 추구하는 경향이 있다. 그는 절대로 보통의 여자들에게 만족할 수 없다. 그가 추구하는 사랑은 불사의 여신이기 때문이다. 이것이 돈 후안 신드롬Don Juan Syndrome이다. 오이디푸스적 아이가 인간의 영역을 넘어서 오만해지게 되면 한 여자에게 충실한 남자가 될 수 없다.

마마보이 유형의 소년은 자기애[18] 성향이 강하다. 강박적 자위행위를 하거나 포르노에 심취하여 여러 형태의 여성의 몸에서 '여신'을 찾으려 한다. 마마보이의 영향을 받는 남성들 중 일부는 엄청난 양의 여성의 나체 사진을 가지고 있기도 한다. 그중에는 여성 혼자 찍은 것도 있고 남성과 성행위를 하는 사진도 있다. 그들은 자신의 남성성, 남근의 힘, 생식성을 경험하고 싶어 한다. 하지만 인간으로서의 남성성이 아니라 신의 남근—위대한 남근—으로서 모든 여성, 혹은 수없이 많은 여성 형태의 어머니 여신과의 결합을 경험하고 싶은 것이다.

마마보이는 자위행위와 포르노의 강박적 사용에 심취하여, 다른 모든 미성숙한 에너지와 마찬가지로 현재 상태에 머물러 있기를 바란다. 인간관계에서 여성과 관계를 맺었을 때 마땅히 해야 하는 일들이나 복잡한 감정들을 원치 않으며, 책임을 지려 하지 않는다.

몽상가

오이디푸스적 아이 원형의 또 다른 그림자 원형은 몽상가로, 오이디푸스적 아이의 영적 충동을 극단적으로 받는 원형이다. 마마보이 원형의 소년이 수동적인 것에 비해, 몽상가는 적극적으로 '어머니'를 찾는다. 하

---

18 autoerotic. 자기 자신을 동물이나 아이, 혹은 다른 성(性)의 모습으로 상상하며 성적 자극을 받는 증상

지만 이 원형의 아이는 고립감을 느끼며 다른 모든 인간관계에서 단절된다. 몽상가 원형의 아이에게 '관계'란 보이지 않는 것들과의 관계이며 내면의 상상의 세계와의 관계다. 결과적으로, 다른 아이들이 놀이를 할 때, 그는 바위에 앉아 자신만의 꿈을 꾼다. 성취하는 것이 거의 없으며 다른 사람들과 교류하는 것을 원하지 않고 항상 우울해 보인다. 그가 상상하는 것은 우울할 때도 있고 매우 아름답고 비현실적일 때도 있다.

몽상가 원형의 아이는 다른 그림자 원형의 아이들처럼 정직하지 않으며, 이 부정직함은 대개의 경우 무의식적이다. 그의 고립되고 비현실적인 행동은 숨겨진 반대 원형의 마마보이 성향을 가리기도 한다. 이 아이가 우회적으로 보여주는 것은 '어머니'를 소유하는 데 실패한 것에서 비롯된 분노다. '어머니'를 온전하게 소유하고자 하는 터무니없는 욕구가 그의 우울함의 근본 원인이다.

영웅

영웅 원형에는 많은 혼동이 있다. 일반적으로는 인생이나 일에 영웅적으로 접근하는 것이 고귀하다고들 말한다. 하지만 이것은 부분적으로만 사실일 뿐이다. 영웅이란 사실 소년 심리가 발전한 것이지만, 소년의 남성적 에너지가 정점에 이르렀을 때의 형태이며, 청소년의 발달단계에서 가장 좋은 특성을 가지고 있는 원형이다. 하지만 그것은 여전히 미성숙한 에너지이며, 성인기로 진행했을 때도 여전히 지배적인 원형으로 남아있다면 오히려 완전히 성숙한 남성이 되는 것을 방해한다. 영웅 원형의 그림자 유형인 과시형 협박꾼을 생각해보면 이 유형의 단점이 명확해진다.

과시형 협박꾼

협박꾼 유형의 소년은 다른 사람들에게 깊은 인상을 주기를 원한다. 그는 자신의 우월성을 알리고 주변 사람들을 지배하기 위해 계획을 세운다. 자신은 태어나면서부터 중심의 위치에 있도록 정해져 있었다고 주장하며, 자신의 특별 권리가 위협받는다고 느낄 때 격렬한 반응을 보인다. 그의 오만함을 눈치채고 의문을 가진 사람들을 신랄한 말로 비난하며 신체적 폭력도 가하는 경우도 잦다. 다른 사람들에 대한 공격은 자신의 바탕인 어리석음과 내면의 불안정을 들키지 않기 위한 것이다. 성인이 되어서도 이 유형의 영향을 받는 사람은 다른 사람들과 협력이 필요한 작업을 수행하지 못하는 외톨이로, 승진이 빠른 중간 간부 혹은 세일즈맨, 혁명가, 혹은 증권시장의 조작자다. 전투에서 불필요한 위험을 무릅쓰는 군인이며, 지도자의 자리에 앉게 되면 부하에게도 자신처럼 행동하도록 강요한다. 베트남전 참전 군인들로부터 '영웅적인' 젊은 장교들이 승진을 위해서 '용감한' 행위를 하도록 부하들을 밀어붙였다는 이야기가 많이 들려왔다. 이들 중에 몇몇은 과시적인 영웅 행위로 인해 죽임을 당했다.

다른 예는 영화《탑건》의 톰 크루즈다. 그는 젊은 전투기 조종사로, 성공하고자 하는 의욕이 강하고 다른 사람의 말을 듣지 않으며 자신의 능력을 증명하고 싶어 한다. 창의적이지만 과시형으로 자신의 비행기와 호위기의 조종사를 위험에 빠뜨린다. 동료 조종사들의 보편적인 반응은 거부와 혐오였다. 심지어 그를 사랑하고 항상 그에게 충실한 가장 친한 친구도 그와 맞서 싸우며 그가 얼마나 자기 자신과 팀에게 상처를 주는지 얘기했다.

이 영화는 한 소년의 성장에 대한 것이다. 그가 우연히 친구이자 동료인 조종사를 죽게 하고, 그것으로 슬퍼하고 탑건(전투기조종사 학교)에 들어갈 자격을 더 성숙한 '아이스맨'에게 뺏긴 후에야 비로소 그는 소년을 벗어나 어른이 된다. '영웅'과 '성숙한 전사'의 차이점이 바로 매버릭(톰 크루즈 배역)과 아이스맨의 차이다.

과시형 협박꾼 유형의 남자는 자신의 중요성과 능력에 대해 과장된 생각을 가지고 있다. 한 법인의 간부가 최근에 들려준 바에 의하면 회사의 젊은 간부들에게 때때로 이런 말을 해줘야 한다고 한다. "당신들은 뛰어난 인재들이지만 스스로 생각하는 것만큼은 아닙니다. 언젠가는 그만큼 훌륭해지겠죠. 아직은 아닙니다."

영웅은 자신이 무적이고, '불가능한 꿈'은 자신을 위한 것이며, 자신은 '이길 수 없는 적'과 싸워 이길 수 있다고 생각한다. 하지만 그 꿈이 정말로 불가능한 꿈이고, 적이 정말로 이길 수 없는 적이라면, 영웅은 곤란한 상황에 놓이게 된다.

사실 이런 상황을 우리는 꽤 자주 본다. 과시형 소년의 무적이라는 느낌과 표현, 자신을 거의 신과 동일한 위치에 놓는 것은 결국에는 파멸로 이끄는 것이다. 영웅적인 패튼 장군은 가끔씩은 매우 창의적이었고 큰 영향을 끼치는 인물이었지만, 미숙하게도 위험을 무릅쓰고 영국의 몽고메리 장군과 무리한 경쟁을 했다. 통찰력이 뛰어났지만, 소년처럼 경솔한 발언을 함으로써 결국 발목이 잡히고 말았으며, 결국에는 자신의 능력을 인정받을 수 있는 임무(예를 들어 연합군의 유럽 공격을 지휘하는 것)를 부여받지 못하고 물러났다. 성숙한 전사가 아니라 영웅이었을 뿐이기 때문이다.

다른 미성숙한 남성의 원형과 마찬가지로 영웅 역시 '어머니'에 과도하게 묶여있다. 하지만 영웅은 어머니를 극복할 필요가 있다. 그는 여성성을 꺾고 자신의 남성성을 주장하기 위해 목숨을 걸고 싸운다. 중세의 영웅과 처녀에 관한 전설에서 우리는 영웅이 용의 목을 베고 공주와 결혼하고 나면 무슨 일이 생기는지에 대해 거의 들어본 적이 없다. 그들의 결혼생활이 어떤지에 대해서도 들어본 적이 없다. 왜냐하면 영웅은 공주를 얻은 후에는 어떻게 해야 할지 모르기 때문이다. 원형으로서의 영웅은 모든 상황이 정상으로 돌아가고 나면 무엇을 해야 할지 모른다.

영웅의 몰락은 그가 자신의 한계점을 모르고, 그것을 인정할 수 없기 때문이다. 영웅의 그림자 원형의 영향을 받는 소년 혹은 남자는 자신이 언젠가는 죽을 인간이라는 점을 제대로 인식하지 못한다. 죽음이라는 인간의 궁극적인 한계를 부정하는 것이 그의 특징이다.

서구 문화의 영웅 중심의 성격에 대해 잠시 생각해보자. 서구 문화의 본질은 흔히 지적하듯, 자연의 '정복'과 그것의 사용, 그리고 인간의 용도에 맞게 자연을 '변형'하는 것이다. 오염과 환경 재난은 이런 미성숙하고 오만한 계획에 대한 벌이다. 의료 분야는 질병과 죽음을 종식시킬 수 있다는 무언의 가정에 근거해서 작동한다. 우리의 현대의 세계관은 인간의 한계를 직시하지 못하고 있다. 이런 문제를 직시하지 못한다면 우리는 오오만에 빠진 것이고 언젠가는 대가를 치르게 될 것이다.

비겁자

비겁자Coward 유형의 소년은 영웅 원형의 또 하나의 그림자 원형으로, 신체적으로 대치하는 상황을 극도로 싫어한다. 그는 항상 싸움에서 도망친다. 싸움을 피하는 것이 더 '신사적'이라고 주장할 것이다. 하지만 몸싸움만 피하는 것이 아니다. 지적, 감정적으로 괴롭힘을 당해도 맞서지 않는다. 누군가 그에게 강압적으로 대하면 비겁자 원형의 소년은 스스로 영웅적이지 못하다고 느끼기 때문에 그냥 받아들인다. 다른 사람들의 압력에 쉽게 굴복하며, 자신이 매우 하찮은 존재로 취급받는다고 느낀다. 하지만 이런 일을 지겹도록 겪고 나면 내면에 숨어있던 과시형 협박꾼이 깨어나 신랄한 언어폭력과 신체적 공격을 '적'에게 가한다. 상대방 입장에서는 전혀 예상하지 못한 일이다.

과시형 협박꾼이나 비겁자의 양상을 설명했다고 해도 우리는 도대체 왜 영웅이 우리 심리 속에 남아있는지 생각해봐야 한다. 왜 이것이 남성 심리의 발달에 한 부분을 차지하는 것인가? 그것이 어떤 면에서 남성의 진화에 도움이 되는 것인가?

영웅 원형이 하는 역할은 소년의 섬세한 자아를 움직여 마지막 순간에 어머니와의 관계를 끊고 삶의 어려운 과제들을 직시할 수 있도록 하는 것이다. 영웅의 에너지는 소년의 남성적 에너지를 불러일으켜, 소년이 성장해 감에 따라 독립심과 능력을 키우고 세상의 힘들고 적대적인 난제들의 시험을 받으며, 자신의 싹을 스스로 틔우고 '봉투 밖의 세상'으로 나올 수 있도록 그를 준비시킨다. 영웅은 소년이 무의식의 거대한 힘(남성의 경우 어머니의 힘)에 대항할 교두보가 되어주고, 그 자신이 다른 사람들과는 다르다고 주장할 수 있게 해준다. 그래서 다른 사람들과 온전하고 창의적인 관계를 맺을 수 있도록 한다.

영웅은 소년을 한계에 부딪히도록 하며, 불가능해 보이지만 도전할 용기가 있다면 실현 가능한 꿈을 꾸게 한다. 영웅은 또한 소년으로 하여금 무적의 상대와 싸우도록 격려한다. 그가 영웅 심리에 사로잡히지만 않는다면 이길 수 있을 것이다.

친척이나 친구, 동료, 권위 있는 자리에 있는 사람들뿐 아니라 심리치료사들마저 공공연하게 혹은 아무도 모르게 남성 내면의 영웅의 '빛'을 폄하할 때가 많다. 우리의 시대는 영웅을 필요로 하지 않는다. 우리의 시대는 질투의 시대로, 게으름과 이기심이 규칙이다. 빛나거나 대중들 사이에서 뛰어나 보이는 사람은 '동료'를 자칭하는 사람들에 의해 끌어내려진다.

우리 시대에는 영웅의 재탄생이 필요하다. 지구의 어느 곳이든 인간사회의 모든 분야가 우리가 알아차리지 못한 채 혼돈 속으로 빠져들고 있는 것 같다. 영웅이 이를 자각하고 모든 힘을 다해야만 망각 속으로 빠져들어가는 것을 막을 수 있을 것이다. 남성과 여성이 용기를 다시 일깨워야만 세상을 구할 수 있을 것이다. 영웅은 칼을 뽑아 모든 고난과 역경을 헤치고 심연의 한가운데 서 있는 용의 목에 칼을 꽂고, 저주에 걸린 성으로 쳐들어가야 한다.

영웅의 최후는 어떠할까? 거의 전 세계의 전설과 신화에서, 영웅은 '죽어서' 신이 되며, 하늘로 올라간다. 우리는 예수의 부활과 승천, 오이디푸스가 콜로누스에서 섬광 속에서 사라진 것, 혹은 엘리야가 번쩍이는 전차를 타고 하늘로 올라간 이야기를 들었다.

영웅의 '죽음'은 소년기와 소년 심리의 '죽음'이다. 동시에 성인으로서의 남성과 남성 심리의 탄생이다. 소년(혹은 남성)의 삶에서 영웅의 '죽음'은 실제로는 그가 마침내 자신의 한계를 마주했다는 뜻이다. 그는 적을 만났고, 적은 바로 자신이다. 그는 자기 자신의 어두운 면, 영웅답지 않은 면을 마주했다. 그는 용과 싸웠고 용에 의해 불탔다. 혁명과 싸웠고 자신의 바닥에 가라앉은 비인간성을 삼켰으며, 어머니를 극복했고 공주를 사랑할 수 없는 무능함을 깨달았다. 영웅의 '죽음'은 소년 혹은 성인 남성이 진정한 겸손함을 가지게 된다는 것을 의미한다. 그것이 영웅적 자각의 결말이다.

진정한 겸손함이란 두 가지로 구성된다. 첫째는 자신의 한계를 아는 것이고, 둘째는 필요한 도움을 구하는 것이다.

우리가 영웅 원형에 계속 사로잡혀 있으면 톰 크루즈의 배역이 그랬듯이 영웅 에너지의 부정적인 양상의 영향을 받아서 과시형 협박꾼의 오만한 느낌과 행동으로 살게 될 것이다. 오만과 무감각으로 다른 사람들을 짓밟을 것이고, 종국에는 자멸하며 조롱당하고 쫓겨날 것이다. 영웅 원형의 양극 그림자 중 수동적 극단인 비겁자라면 삶에서 의미 있는 일을 이루고자 하는 동기를 찾지 못할 것이다. 하지만 영웅 에너지를 적절하게 마주하면, 자신을 한계까지 밀어붙일 힘을 얻는다. 소년으로서의 한계를 성공적으로 뛰어넘을 수 있다면, 이제 성인이 될 준비가 된 것이다.

4.
남성 심리

인간이 잠재력을 완전히 개발하는 것은 매우 어렵다. 우리 내면의 어린아이와 싸우는 것은 성인으로서의 잠재력을 온전하게 성취하는데 매우 부정적인 작용을 하기 때문이다. 그럼에도 불구하고 우리는 끝없는 노력으로 이겨내고 남성 자아의 근간을 이루는 소년기와 성인기의 피라미드를 세워야 한다. 고대 마야인들은 도시에 남아있는 옛 건축물들을 파괴하는 경우가 거의 없었다. 그들과 마찬가지로 우리도 소년기의 피라미드를 파괴하기를 원치 않는다. 태초부터 소년기의 피라미드가 힘의 원동력이자 에너지의 원천으로 이르는 통로였으며, 앞으로도 그럴 것이기 때문이다. 그 대신 오래된 테라스와 계단 위에 벽돌을 쌓아 피라미드를 짓는 일을 해야 한다. 성숙한 남성이라는 목표를 위해 벽돌을 하나하나 쌓아서 마침내 꼭대기에 올라 '온 세상의 주인'으로서 우리의 영토를 내려다봐야 한다.

피라미드 건설에 있어 우리가 사용할 수 있는 기술이 몇 가지 있다. 꿈 분석, 꿈에 다시 들어가 꿈을 바꾸는 것, 적극적 상상(그 속에서 자아가 에너지 원형과 대화를 나누며 차별화되기도 하고 접하기도 한다), 다양한 형태의 심리치료, 원형의 긍정적인 양상에 대한 명상, 기도, 영적인 연장자가 이끄는 주술적 의식 절차, 다양한 영적 규칙 등이 소년을 성인으로 변모시키는 데 있어 매우 중요한 역할을 한다.

우리는 성숙한 남성의 에너지의 네 가지 형태를 구분했다. 왕, 전사, 마법사, 그리고 연인이다. 이 원형들은 모두 겹치는 부분이 있으며, 이상적인 경우는 상호 보완이 되는 것이다. 훌륭한 왕은 동시에 훌륭한 전사이자 마법사이며 연인이다. 다른 세 원형도 마찬가지다.

앞서 살펴보았듯이 소년의 에너지 역시 상호 중복되며 서로 영향을 미친다. 신성한 아이는 자연스럽게 오이디푸스적 아이를 불러들이고, 둘이 함께 아름답고 활기차며 서로 연결된, 따뜻하고 배려심이 깊고 영적인 것으로 발전할 씨앗을 만든다. 소년의 자아는 이런 에너지와 자아를 구별하기 위해 조숙한 아이의 지각을 필요로 한다. 이 세 에너지가 영웅을 만들며, 영웅은 이 에너지들을 '여성성'의 무의식의 지배로부터 해방시키고 독립적인 존재로서의 정체성을 확립함으로써 소년이 성인 남성이 되도록 준비시킨다.

원형은 신비로운 개체 혹은 에너지의 흐름이다. 그것은 종이 아래 놓인 자석에 비유할 수 있다. 종이 위에 쇳가루를 뿌리면 쇳가루는 즉각적으로 자기장을 따라 무늬를 만든다. 우리는 종이 위의 쇳가루의 무늬는 볼 수 있지만, 종이 아래의 자석은 볼 수 없다. 자기장을 눈으로 볼 수는 없지만, 그것이 존재한다는 증거는 볼 수 있는 것이다. 원형에 대해서도 마찬가지다. 그것들은 숨겨져 있다. 우리는 예술, 시, 음악, 종교, 과학적 발견, 행동과 사고의 방식, 느낌 등에서 원형의 영향을 직접 겪는다. 하지만 원형의 에너지 자체를 볼 수는 없다. 에너지들은 겹치기도 하고 서로 스며들기도 하지만 분명하게 구분할 수 있다. 이 에너지들은 다시 섞여서 우리의 삶 속에서 조화를 이룬 원형 에너지를 느끼게 할 수 있다.

진 시노다 볼린[19]은 얽혀있는 원형을 풀어서 분리했다가 다시 섞는 과정을 잘 조직된 이사회에 비유했다. 이사회에서는 회장이 각 이사들에게 현안에 대한 의견을 솔직하게 말하라고 요구한다. 훌륭한 회장은 언제나 이사회 구성원 모두가 충분히 자기 의견과 그 이유를 말하기를 원한다. 그중에 어떤 것은 환영받지 못할 것이고, 어떤 것은 어리석을 것이다. 어떤 이사들은 습관적으로 남을 깎아내리며 파괴적인 언행을 보인다. 또 어떤 이들은 뛰어난 아이디어를 제시한다. 대개의 경우 이런 사람들의 아이디어가 채택되지만, 때로는 불만 가득하고 부정적인 이사가 진실을 말하기도 한다. 모든 사람들이 의견을 말하고 충분히 토론이 이루어지고 나면 회장이 투표를 요청하고 결정이 내려진다. 대개 회장이 캐스팅 보트를 가진다.

우리의 자아는 이사회의 회장과 같다. 그리고 이사회의 구성원들은 우리 내면의 원형들과 같아서, 각자 자신의 입장에서 의견을 내며, 우리는

---

19 Jean Shinoda Bolen. 미국의 정신과 의사. 칼 융 학파의 분석가이자 작가

그들 각각의 의견에 귀를 기울여야 한다. 하지만 자아의 통제를 받는 한 사람이 최종 결정을 내린다.

앞에서 언급했듯, 성인 남성의 심리학은 이제까지 매우 드물게 쓰이는 용어였고, 현재도 마찬가지다. 지지구상의 많은 지역에서 사람들은 끔찍한 신체적, 심리적 상황을 겪으며 살아왔다. 생명체가 이런 적대적 상황에 처하면 성장이 저하되고, 왜곡되며 돌연변이가 발생한다. '왜 이렇게 되어야만 했을까?'라는 질문이 철학과 신학이 만들어진 이유다. 우리가 처한 상황의 심각성을 솔직하게 인정하자. 우리가 문제의 심각성을 인지하고, 문제의 본질을 직시해야만 적절한 조치를 취할 수 있기 때문이다.

심리학에 "우리는 우리에게 책임이 없는 것을 책임져야 한다."라는 말이 있다. 이 이 말의 뜻은, 어린아이의 문제가 어린아이 책임이 아니듯, 우리의 남성성이 미성숙했던 시절의 문제가 우리 책임은 아니라는 것이다. 우리의 인격이 막 형성되려던 참에 우리에게 일어난 문제들이 우리의 성장을 방해하고, 우리에게 고착fixate되어 있는 것 역시 우리 자신의 책임이 아니다. 하지만 그렇다고 해서 《웨스트 사이드 스토리》의 비뚤어진 청년들처럼 문제를 사회의 탓으로 돌리는 것은 우리에게 전혀 도움이 되지 않는다.

우리의 시대는 제도의 시대라기보다는 심리학의 시대다. 제도적 구조와 입문의식이 우리에게 해주었던 것을 우리는 이제 스스로 해내야만 한다. 현대의 문화는 집단 문화가 아닌 개인 문화다.

우리의 서구 문명은 우리 스스로 시작해야 한다고 압박한다. 또한 칼 융이 말했듯 다른 사람으로부터 분리되는 '개성화'가 요구된다. 이전에는 암묵적으로 다른 사람들과 공유되었던 것들, 예를 들어 성숙한 남성의 정체성을 발전시키는 것이 이제는 의식적, 개별적으로 이루어지게 되었다. 앞으로 우리가 따라야 할 방식이다.

II

남성 심리 분석하기 :
성인 남성의 네 가지 원형

〈기도하는 다윗 왕〉, 피터르 데 흐레버르(Pieter Fransz de Grebber), 1630년대 후반, 위트레흐트 성카트린수녀원 박물관
위대한 다윗은 유대인들은 물론 기독교인들에게도 영원한 왕의 모델이다. 반면 여러 실수와 잘못이 성경에 기록된 인간적 존재이기도 하다. 그림에서 죄를 저지른 다윗은 신을 향해 무릎을 꿇고 기도하고 있다. 성경에서 아버지 신, 또는 '원형'은 (괴롭힐 때도 많지만) 늘 그를 바로잡아 더 성숙하고 올바른 길로 나아가게 한다.

5.
왕, 질서와 생성의 원형

왕의 에너지는 모든 남성에게 원초적인 것이다. 이 에너지와 다른 3개의 성숙한 남성 에너지와의 관계는 신성한 아이가 다른 3개의 소년 에너지와 갖는 관계와 같다. 왕 원형은 가장 중요하고, 다른 원형들의 바탕에 깔린 원형이며 다른 원형들을 모두 포함하여 완벽한 균형을 이룬다. 선량하고 생산적인 왕은 훌륭한 전사이자 마법사이며, 훌륭한 연인이다. 하지만 대부분의 경우 왕은 마지막으로 작동되는 원형이다. 왕은 신성한 아이와 같다고 말할 수 있지만, 더 경험이 풍부하고 복합적이고 현명하며, 신성한 아이가 자기중심적인 데 반해 이타적이다. 훌륭한 왕은 '솔로몬의 지혜'를 가졌다.

신성한 아이가, 특히 아기 의자 폭군 유형에서 유아적으로 신을 가장한 것인 반면에, 왕 원형은 모든 남성의 내면에 존재하는 남성 형태의 신에 가깝다. 그것은 철학자들이 '안트로포스'라고 부르는 것이며, 태초의 남자 혹은 아담이다. 힌두교는 이 태초의 남성의 원형을 '아트만Atman'[20] 이라고 하고, 유대교와 기독교는 이마고 데이imago Dei, 즉 '신의 이미지'라고 한다. 프로이트는 왕을 "태초의 인류의 태초의 아버지"라고 했다. 여러 면에서 왕의 에너지는 아버지의 에너지다. 그러나 심리학적 경험에 의하면, 아버지 원형의 바탕에 왕의 원형이 있지만, 왕의 원형은 좀 더 광범위하고 더 근본적이다.

역사적으로 왕은 항상 신성시되었다. 하지만 왕의 평범한 인간으로서의 면모보다 왕의 위치, 혹은 왕의 에너지 자체가 중요한 것이다. 왕이 죽고 그 후계자가 왕위를 물려받을 때, 사람들은 이렇게 외친다. "왕이 승하하셨다. 새 왕 만세!" 동족을 보호하고, 크든 작든 영역을 수호하며, 세계를 위해 봉사하기 위해 왕의 에너지를 잠시 동안 품는 사람은 교체 가능한 부품과도 같다. 왕의 질서와 창조적 원형을 세상과 인류에게 전달해 줄 수 있는 수단인 것이다.

제임스 프레이저 경[21]과 다른 여러 학자들의 연구에 따르면, 고대의 왕들은 왕 원형을 구현하는 능력이 떨어지면 (의식상의) 죽임을 당했다. 그들이 중요하게 여겼던 것은, 왕의 생산적인 능력이 언젠가는 노화하고 죽게 될 인간에게 속박되지 않아야 한다는 것이다. 새 왕을 세움으로써 왕 원형

---

20 영혼, 생기를 의미하며, 끊임없이 변화하는 '물질적 자아'와 대조되는 '초월적인 자아'를 의미한다.

21 James G. Frazer. 스코틀랜드의 민속학자로 민족학, 고전문학의 자료를 비교, 정리하여 주술, 종교의 기원과 진화의 과정을 연구했다. -두산백과

의 에너지는 새로운 몸으로 옮겨가는 것이고 왕의 원형은 왕국의 사람들에게 다시 태어난다. 그들의 온 세상이 다시 태어나는 것이다.

의식상의 죽음과 부활은 기독교의 구세주인 예수님의 죽음과 부활의 바탕이 되는 이야기다. 왕의 에너지를 갖게 되는 인간은 고대의 패턴을 따라 때 이른 죽음을 맞는 위험을 무릅써야 한다.

3장에서 소년의 원형, 특히 영웅의 원형이 '죽어야' 성숙한 남성이 태어날 수 있고, 소년 심리학의 끝이 남성 심리학의 시작이라고 언급했다. 그러면, 영웅 — 소년 — 이 죽으면 무슨 일이 일어날까?

소년기에서 남성으로 변화해가는 한 청년의 꿈은 영웅의 죽음과 자신의 새로운 남성 에너지가 어떤 모양을 가지게 되는지를 보여준다. 그것은 또한 왕의 에너지가 모습을 나타내기 시작했음을 보여주지만 향후 몇 년이 지나야 온전한 모습을 갖출 것이다. 꿈의 내용은 다음과 같다.

> 나는 고대 중국의 용병이다. 끊임없이 말썽을 부렸고 많은 사람들을 해치며 개인의 이익을 위해 제국의 질서를 어지럽혔다. 나는 범법자이자 용병이다.
>
> 나는 시골의 숲에서 중국 황제의 군사들에게 쫓기고 있다. 우리는 모두 철로 만든 갑옷을 입고 활과 화살을 들었으며, 칼도 가지고 있었던 것 같다. 숲속을 달리다가 땅에 있는 구멍을 보았다. 그 구멍은 동굴의 입구였고, 나는 급히 그 구멍으로 들어갔다. 구멍에 들어가자 기다란 터널이 나왔고 터널을 따라 달렸다. 중국군이 내가 동굴로 들어가는 것을 보고 쫓아 들어왔다.
>
> 터널 끝에서 멀리 희미하게 빛나는 푸른빛이 위로부터 비치는 것을 보았다.

바위틈에서 나오는 것 같았다. 가까이 다가가서 보니 그 빛은 지하의 한 방을 비추고 있었다. 방안에는 초목이 우거진 정원이 있었고 정원 한가운데 중국의 황제가 우아한 붉은색과 금색의 옷을 입고 서 있었다. 나는 더 이상 갈 곳이 없었다. 뒤에서는 황제의 군사들이 쫓아오고 있었다. 어쩔 수 없이 황제의 앞으로 나아가야 했다.

황제 앞에서 항복의 표시로 무릎을 꿇었다. 나는 마치 내 인생의 한 단계가 끝난 것 같은 겸허함을 느꼈다. 황제는 아버지 같은 연민이 어린 표정으로 나를 내려다보았다. 그는 나에게 조금도 화가 나있지 않았다. 나는 그가 모든 것을 다 알고 있으며 그 역시 인생에서 가난, 부, 여자, 전쟁, 왕궁 내의 음모, 배신, 고통과 기쁨 등 인간사 모든 것을 경험했음을 느꼈다. 바로 이 갖가지 풍파를 겪은 후의 매우 오래된, 경험이 풍부한 지혜로 연민을 가지고 나를 대하는 것이다.

그는 매우 부드럽게 말했다. "너는 죽어야 한다. 3시간 후에 처형당할 것이다." 나는 그의 말이 옳다는 것을 안다. 그와 나 사이에는 특별한 유대감이 있다. 마치 그가 정확하게 나의 위치에 있었던 것 같은 느낌이다. 그는 나의 모든 것을 안다. 나는 평화의 느낌이 충만한 것을 느끼며 심지어 행복감까지도 느끼며 운명에 복종한다.

이 꿈에서 우리는 용병의 영웅적 소년 자아가 마침내 자신의 한계를 마주하고 왕의 존재 아래에서 필연적 운명을 만나는 것을 볼 수 있다. 소년에게 일어난 일은 그가 내면의 원초적 왕과 바른 관계를 이뤘고 조지프 캠벨(미국의 비교신화학자이자 비교종교학자)이 "아버지"라 일컫은 존재와

화해한 것이다.

저명한 심리치료사 존 W. 페리[22]는 왕 에너지가 조현증 환자들의 꿈 속의 인격과 환상을 재구성함으로써 치유하는 능력을 가졌다는 것을 발견했다. 정신병 증세를 나타낼 때, 혹은 불분명한 경계선상에 있을 때, 신성한 왕의 이미지가 환자의 깊은 무의식의 상태에서 나타난다. 그의 저서 《신화와 광기 속 재탄생의 뿌리Roots of Renewal in Myth and Madness》에서 한 젊은 환자가 반복해서 고대 그리스의 기둥을 그리고 "하얀 왕"이라고 부르는 인물과 연관 지었다. 다른 환자는 "바다의 여왕"을 보기도 하고, 자기 자신이 바다의 여왕이 되어 위대한 왕과 결혼하기도 하고, 그를 구해 주려고 갑자기 교황이 나타나기도 했다.

페리는 그의 환자가 묘사하는 것이 고대 신화와 의식에서 찾을 수 있는 신성한 왕의 이미지와 유사하다는 것을 깨달았다. 그리고 그의 환자가 이런 왕의 에너지에 접할 때에는 그들의 증세가 호전된다는 것 또한 알았다. 고대의 왕도 그렇고, 환자의 꿈속의 왕에게도 특별한 점이 있다. 왕에게는 조직력이 있고 권위가 있으며 창의적으로 치유하는 힘이 있다. 그는 그들의 환상 속에서 고대 신화 속의 왕이 혼돈과 싸우고 악마에 대적하는 것을 보았으며, 승리를 거둔 왕의 영광스러운 대관식을 보았다. 페리는 왕이 사실 자신이 "중심적 원형"이라고 부르는 원형이며, 인간의 정신이 왕

22 John Weir Perry. 미국의 정신과 의사

의 원형을 중심으로 형성된다고 보았다. 그는 환자들이 "의식의 수준을 낮출 때" 그들의 의식과 강력한 무의식의 세계의 장벽이 무너지며, 바로 이 순간 왕의 창조적이고 인생을 더 나은 방향으로 살아가게 하는 왕의 이미지가 등장하는 것을 깨달았다. 그래서 환자들은 광기에서 벗어나 건강을 회복하게 되는 것이다.

충만한 왕의 두 가지 기능

왕 에너지에는 소년 심리에서 남성 심리로 넘어가는 것을 가능하게 하는 두 가지 기능이 있다. 첫 번째는 질서를 바로잡는 것이고, 두 번째는 생식력(풍요)과 축복이다.

페리가 말했듯, 왕은 '중심적 원형'이다. 신성한 아이와 마찬가지로 훌륭한 왕은 세상의 중심에 있다. 그는 중심 산, 혹은 고대 이집트인들의 표현에 의하면 "태고의 언덕"의 왕좌에 앉아있다. 이 중심적 위치로부터 '모든 창조물'이 기하학적인 형태로 왕국의 경계선까지 뻗치며, '세계'란 왕에 의해 조직되고 통치되는 현실의 영역으로 정의된다. 그의 영향권의 밖에 있는 것은 창조물이 아니고 혼돈이며, 악마적이고 비세계적인 것이다.

왕 에너지의 이런 기능은 고대 신화나 고대 역사의 해석본 어디에서나 나타난다. 제임스 브레스테드[23]와 헨리 프랭크포트[24]의 연구에서 알

---

23 James Henry Breasted. 미국의 역사학자, 고고학자, 이집트학자 -위키백과

24 Henry Frankfort. 네덜란드 출신의 미국 고고학자, 이집트학자, 동양학자 -위키백과

수 있듯 세상은 무정형과 혼돈의 거대한 바다에서 중심 산, 혹은 언덕의 형태로 태어난다. 그것은 지혜와 질서의 신이며 아버지 신인 프타[25]의 명령 혹은 신성한 '말씀'에 의해 존재하게 된다. 성경에서는 야훼가 똑같은 방식으로 세상을 창조한다. 우리는 우리의 삶과 세상을 '개념'과 생각에 의해 조직하며 '말'을 통해서만 생각할 수 있다. 이런 의미에서 말은 우리를 실제의 존재로 만들고 우리의 세상을 현실로 만든다.

이집트인이 그들의 문명의 탄생에 대해 설명한 것도 비슷하다. 땅이 창조될 때 태고의 언덕도 함께 만들어졌고, 이 중심 명령에서 모든 생명과 신과 여신과 인간과 모든 문화가 생겨났다. 신의 계승자인 파라오의 출현과 함께 신성한 왕의 명령에 의해 창조된 세상이 태고의 언덕에 있는 파라오의 왕좌로부터 사방으로 뻗어 나왔다.

고대 메소포타미아에서 문명을 탄생시킨 가장 위대한 왕 중 한 명인 아카드의 사르곤[26]은 왕국을 건설했고 문명을 세웠으며 스스로 "네 개의 영역을 다스리는 자"라고 칭했다. 고대의 생각으로는 세상에 중심으로부터 퍼져 나온 것일 뿐 아니라 네 방향으로 기하학적으로 구성되어 있었다. 즉 십자 모양의 교차로로 나뉜 원의 모양이다. 그 자체로 중심 언덕의

---

25 Ptah. 고대 이집트의 신. 가축의 신. 하(下)이집트의 수도 멤피스를 지배한 최고의 신이며, 미라가 된 남자의 모습으로 표현된다.

26 Sargon of Akkad 혹은 Sargon the Great. 아카드 제국의 첫 황제이며 수메르의 도시 국가를 점령한 것으로 알려져 있다. -위키백과

모양을 한 이집트의 피라미드는 네 개의 나침반 방향, 즉 네 구역을 향한다. 고대의 지도는 이 생각을 바탕으로 도식화되어 있다. 고대의 지중해와 중국, 아시아 문명도 같은 시각을 가지고 있었다. 다른 대륙이나 문명과 접촉이 없었을 것이라고 여겨지는 미국의 인디언들조차도 그렇다. 존 나이하트[27]의 책, 《검은고라니는 말한다(두레, 2002)》에서 수족Sioux族의 치료자인 검은고라니Black Elk는 세상이 하나의 거대한 "고리"로서 "붉은 길"과 "검은 길"로 나뉘어 있으며, 두 길이 교차하는 곳에 세상의 중심인 산이 있다고 했다. 이 산 위에 위대한 아버지 신(왕 에너지)이 살고 있으며, 신은 검은 고라니에게 수족을 위한 계시를 내린다.

고대인들은 많은 곳에서 세상의 중심을 발견했다. 시나이산[28], 예루살렘, 히에라폴리스[29], 올림포스, 로마, 테노치티틀란[30]등이 모두 고대인들이 세상의 중심으로 여긴 곳들이다. 이 장소들은 모두 사등분된 세상의 중심으로 잘 정돈된 기하학적 세상의 중심이다. 이 세상의 중심은 신이자 남성인 왕이 통치하는 곳이고 신성한 계시, 혹은 신성한 창조력과 창의력이 있는 곳이었다.

제왕 에너지의 중심의 기능에 대해 흥미로운 점은, 그것이 고대의 지

27 John Neihardt, 미국 작가, 시인, 아마추어 역사가, 민족학자

28 시나이반도의 산으로 성경에서 모세가 십계명을 받은 곳 -위키백과

29 터키 남서부 파묵칼레의 언덕 위에 세워진 고대도시. 이곳을 정복한 로마인은 이 도시를 성스러운 도시라는 뜻의 히에라폴리스라고 불렀다. -두산백과

30 멕시코 중앙고원에 위치한 고대도시 아즈텍 왕국의 수도

도에서 나타날 뿐 아니라 남미 사막 원주민들의 모래 그림, 불교 미술의 불화佛畫, 그리고 교회의 스테인드글라스에서도 볼 수 있고 심리분석을 받는 현대인들의 꿈이나 그림에서도 끊임없이 나타난다는 점이다. 융은 이런 사실을 발견하고 이런 중심점이 있는 그림들을 티베트 불교의 표현을 빌려 "만다라"라고 불렀다. 그는 또한, 정신분석을 받는 사람들의 꿈이나 환영에 만다라가 나타나는 경우 항상 치유 효과 혹은 삶을 되찾아주는 효과가 있다는 점을 주목했다. 만다라는 '새 탄생'을 의미했으며, 페리의 제왕의 이미지가 그러하듯 더 중심이 잡히고, 침착하고 고요하며 안정된 인격으로 재편되도록 도왔다.

제왕 원형의 에너지가 현생의 왕을 통해 하는 일은 왕국의 사람들에게 '신성한 세계'의 규칙을 구현하는 것이다. 현생의 왕은 법을 제정함으로써 이 임무를 행한다. 그는 법을 만듦으로써, 혹은 더 정확하게 말하자면, 제왕의 에너지로부터 법을 넘겨받아 왕국에 전파하는 것이다.

시카고에 있는 오리엔탈 인스티튜트 박물관Oriental Institute Museum에는 고대 바빌로니아의 함무라비왕의 법이 새겨진 돌기둥의 복제품이 있다. 이 '돌기둥'은 위를 가리키는 거대한 검지손가락의 모양으로, 이렇게 말하는 듯하다. "들어라! 바로 이것이다! 세상 이치가 이렇게 되어야만 한다!" 이 손가락의 손톱이 있어야 하는 위치에는 함무라비가 생각에 잠겨 자신의 긴 턱수염을 만지며 서서 위대한 아버지신이며 위대한 남성적 의식세계의 상징이자, 태양신인 동시에 신들의 왕인 샤마쉬의 이야기에 귀를 기

〈함무라비 법전이 새겨진 원주〉, 기원전 18세기 전반경,
시카고 오리엔탈 미술관(원본은 루브르 박물관)
"들어라! 바로 이것이다! 세상 이치가 이렇게 되어야만
한다!"

울이는 그림이 있다. 샤마쉬는 함무라비에게 아래의 손가락 모양 돌기둥에 새겨진 법전을 주고 있다. 손가락은 고대 사람들이 신의 뜻에 대해 말할 때 "신의 손가락"이라고 말한 데서 유래되었다. 함무라비가 법전을 받는 그림은 반복적으로 일어나는 원형적 사건을 뜻하는 것으로, 제왕 에너지가 하인인 인간 왕에게 평화와 안정과 질서의 열쇠를 주는 것이다. 모세가 태초의 산 시나이에서 야훼로부터 십계명을 받는 성경 속의 이야기에도 같은 상황이 묘사되어 있다.

왕국에서, 혹은 왕궁이나 사원(흔히 우주의 축소판으로 설계되었다)에서, 그리고 인간의 법이나 관습, 전통, 공공연한 혹은 드러내 말하지는 않는 금기 등의 사회질서에서 보이는 신비로운 질서는 창조신의 질서에 대한 표현이다. 고대 이집트의 신화에서는 프타Ptah신 혹은 '옳은 질서'라는 뜻의 마트 여신[31]의 질서라고 여겨졌다. 이런 생각이 초기 히브리인들의 사고에도 여전히 영향을 미쳐 성경의 잠언서에도 '지혜'라는 형태로 존재하며, 나중에 기독교도가 되는 그리스인들의 생각 속에도 '로고스', 즉, 질서를 바로잡고 창조적이고 생산적인 요한복음의 '말씀'으로 남아있다. 힌두교에서는 이 원형적 '옳은 질서'는 '다르마Dharma'[32]라고 불리며, 중국에서

---

31 Ma'at. 이집트 신화에 나오는 법과 정의, 조화, 진리, 지혜의 여신. 머리 위에 꽂힌 깃털이 마트의 상징이다. -위키백과

32 산스크리트어. 인도계 종교에서 자연법으로 불리는 개념. 인도계 종교에서 중요한 교리. 최고의 진리, 종교 · 사회 · 행위적 규범 등의 의미로 사용된다. -위키백과

〈시나이산에서 내려오는 모세〉, 귀스타브 도레(Gustave Doré), 1890년
십계명이 새겨진 서판을 들고 시나이산에서 내려오는 모세가 그려진 귀스타브 도레의 판화. 구약 신화에서 모세는 유대인들의 목자로, 그가 가져온 계율은 오랫동안 유대교와 기독교 세계에서 기본적인 규범으로 여겨졌다.

는 이것이 '길'이라는 뜻의 '도道'라고 불린다.

인간 왕의 의무는 우주의 올바른 질서를 수여받아 사회에 적용 가능한 형태로 백성들에게 전달하는 것뿐 아니라 근본적으로는 우주의 질서를 자신의 내면에 구현하여 그대로 자신의 삶에 투영하는 것이다. 인간 왕의 첫 임무는 마트 여신이나 다르마, 혹은 도에 따라 사는 것이다. 신화에 따르면 인간 왕이 이 규범을 따라 산다면 그의 왕국 — 즉, 창조와 세계 — 의 모든 것 역시 순리를 따르며 왕국은 번성하게 된다. 왕이 도를 따라 살지 않는다면 그의 백성이나 왕국 역시 순조롭지 못할 것이다. 왕국은 몰락하고 왕이 대표하는 세상의 중심은 유지되지 못할 것이며 반란의 기운이 가득하게 된다.

고대 이집트 역사의 중왕국에서 이런 일이 일어났을 때, 예언자 네페르 로후는 마트 여신의 뜻에 따라 살지 않는 왕의 통치가 얼마나 이집트에 사회적, 경제적인 재앙을 일으킬지 묘사했다. (오이디푸스의 불경한 통치 당시 테베에 창궐했던 곡식의 병충해가 떠오른다.) 네페르 로후는 다음과 같이 썼다.

> 레(창조신의 또 다른 이름)는 (땅의 토대를 다시) 창조해야만 한다. 땅은 완전히 멸망하며 … 태양은 가려진다 … 그것은 다시 빛나지 않을 것이다 … 이집트의 강은 텅 비고 … 모든 좋은 것들, 물고기와 갖가지 새들로 넘치던 깨끗한 연못들이 손상될 것이다. 모든 좋은 것들이 사라진다 … 동쪽에서 적들이 일어나고 아시아인들이 이집트로 내려오며 … 사막의 맹수들이 이집트의 강물을 마실 것이다. 이 땅은 혼란에 빠진다 … 남자들은 전쟁 무기를 들 것이며 이 땅의 사람들

은 혼돈 속에 살게 될 것이다. 남자들은 쇠화살을 만들고 피로 빚은 빵을 구걸할 것이며, 병든 웃음을 지을 것이다 … 남자의 심장은 자기 자신만을 위해 뛸 것이다 … 사람들이 서로 죽이는 것을 보면서도 모른 척 앉아있게 될 것이다. 아들과 형제와 적이 되어 싸울 것이며, 자신의 아버지를 죽일 것이다.

네페르 로후는 또한 신의 섭리를 따르는 새로운 왕이 나타날 것이라고 예언했다. 새 왕은 이집트를 다시 건설할 것이며 세상을 바로 잡을 것이다.

그때 남쪽에서 새 왕이 나타날 것이다. 그의 이름은 승리하는 자, 아메니다. 그는 누비아 여인의 아들이며 상이집트에서 태어난다. 그가 흰 왕관을 얻을 것이며, 붉은 왕관을 쓸 것이다[33]. 그는 두 개의 거대한 힘을 합칠 것이다. 그는 두 왕이 원하는 것을 만족시킬 것이며, 들판을 둘러싼 자가 그의 휘하에 들 것이다 … 그의 시대를 함께 살 사람들은 기뻐하라. 사람의 아들이 자신의 이름을 영원하게 할 것이다. 악으로 물든 자와 반란을 꿈꾸는 자들은 그를 두려워하며 말을 삼킬 것이다. 아시아인들은 그의 칼에 쓰러지며, 리비아인은 그의 불꽃으로 멸망한다 … 생명과 번영과 건강의 통치자의 '벽'이 세워질 것이다. 아시아인들은 더 이상 이집트로 오지 못하며 정의가 다시 자리를 찾고 불

33 흰 왕관은 나일강 상류의 상이집트, 붉은 왕관은 하류의 하이집트를 상징한다. 이 두 왕관이 합쳐진 프스켄트Pschent는 파라오의 상징이었다.

〈니누르타와 안주〉, 기원전 865-860
안주라는 이름의 용을 무찌르는 니누르타를 묘사한 석고 부조. 마르두크와 티아마트의 싸움을 표현한 것으로 여겨진다. 용의 형상을 한 괴물과 번개 창을 든 남성의 모습에서 고대 메소포타미아 신화의 원형적 동질성이 잘 나타나 있다.

의가 사라질 것이다. (이 일을) 목격하게 되는 자는 기뻐하라.

같은 방식으로 중국의 황제들은 '천명(天命: 하늘의 명령)'을 받아 통치했다. 여기에서 하늘은 다시 말하지만, '올바른 질서'를 의미한다. 그들이 하늘의 뜻에 따라 사는 데 실패한다면 당연한 이치로 반란이 일어나며, 새로운 왕조가 세워진다. "왕은 죽었다. 신왕 만세!"

우선, 제왕의 성숙한 남성 에너지로 통치하는 인간 왕은 자신의 삶에서 올바른 질서를 구현한 존재다. 그리고 그다음으로 그것을 다른 사람들에게 적용한다. 자신의 왕국뿐 아니라 창조와 혼돈이 공존하는 왕국의 주변 지역에도 똑같이 적용한다. 여기에서 왕은 전사이기도 하며, '아시아인'과 '리비아인'에게 대항하며 질서를 전파하고 방어한다.

인간 왕은 역사적으로는 제왕 원형의 하인이며, 제왕 원형이 속세에서 구현된 것이다. 왕 원형은 영적 세계 혹은 무의식의 깊고 영원한 세계의 질서를 유지하는 역할을 해왔다. 우리는 바빌로니아의 신 마르두크[34]가 거대한 용 티아마트 여신의 모습으로 구현된 혼돈의 힘과 싸워 티아마트를 죽이고, 그녀의 군대를 물리쳐 그녀의 시체로 새 세상을 창조하는 이야기를 떠올릴 수 있다. 혹은, 가나안의 바알[35]이 혼돈과 죽음의 쌍둥

34 고대 바빌로니아의 신. '태양의 아들'이라는 뜻. '신들의 왕'으로 오랫동안 숭배되었다. -두산백과

35 Baal. 가나안 사람들 사이에서 폭풍, 전쟁, 농사를 주관하는 최고의 신으로 숭배되었다. -라이프성경사전

이 괴물, 얌과 모트를 죽이는 것을 떠올릴 수도 있다. 야훼(히브리의 신 여호와)가 괴물인 베헤못(테홈이라고도 불린다)을 물리치고 왕좌에 올라 세상의 질서를 바로잡고 동시에 창조하기도 하는 내용의 성경 즉위시편에서도 왕 에너지의 기능을 볼 수 있다.

더 가까운 예로 오늘날의 문제 가정에서 아버지가 미성숙하거나 나약하거나 아예 부재중이며 왕 에너지가 충분하지 않은 상황이라면, 가정이 높은 확률로 무질서와 혼돈에 빠지는 것을 우리는 볼 수 있다.

세상의 질서를 유지하는 기능 외에, 왕 에너지의 두 번째 중요한 기능은 다산多産과 축복이다. 고대인들은 항상 다산, 즉, 인류, 곡식, 가축뿐 아니라 모든 자연현상에서의 번성을 신의 창조적 질서와 연관지었다. 가부장시대 이전에는 어머니 '대지'가 다산의 원천인 것으로 여겨졌다. 가부장 문화가 떠오르면서 다산의 원천은 여성적인 것으로부터 남성적인 것으로 옮겨갔다. 그러나 이것은 단순하고 완전한 이동이 아니었다. 고대의 신화는 실제의 생물학과 일치하는 것으로, 생명을 탄생시키는 것은 남성과 여성의 결합이라고 했다. 그러나 문화적으로는, 문명과 기술을 창조하고 자연현상을 지배하는 데에는 남성의 생성에너지가 가장 두드러졌다.

고대의 신성한 왕은 많은 사람들에게 우주의 생명력과 리비도[36]의 현신이었다. 오늘날 우리의 유대교, 기독교, 이슬람교의 신이 생식을 위해

---

36 성충동을 의미하며, 정신분석학적인 용어로 일반적으로는 개인이 개인적 발달이나 개성화 과정에서 겪게 되는 자생적인 정신적 에너지를 의미한다. -위키백과

여신과 짝을 이룬 모습을 볼 수 없다. 신은 남성이며, 생성력과 창조력, 다산과 축복의 유일한 원천으로 비춰진다. 현대의 신앙 중 많은 것이 고대 가부장시대의 믿음으로부터 유래된 것이다.

신성한 왕의 다산과 축복을 주는 기능은 많은 신화나 위대한 왕의 이야기에 나타난다. 영적 세계에서 우리는 위대한 아버지 신이 여신들이나 신적 존재, 혹은 인간 여성들과 왕성하게 관계를 맺고 후손을 퍼뜨리는 것을 본다. 이집트의 아문-라 신은 하늘에 하렘을 두었고, 제우스의 복잡한 관계도 잘 알려져 있다.

하지만 왕 에너지의 번식 능력이 단순히 후손을 많이 퍼뜨리는 것만은 아니다. 생명을 창조해낼 수 있는 능력은 세상에 질서를 부여하는 능력의 결과물이기도 하다. 가나안의 발은 혼돈의 바다에서 괴물용을 무찌른 후, 대지에 대한 사랑으로 혼돈의 바다의 물이 비와 강과 냇물이 되라고 명령했다. 이 질서를 바로잡는 행위로 인해 처음에는 식물이 번성하게 되었고, 그 후에 동물이 번성하게 되었다. 그 결과로 신에게서 가장 큰 혜택을 받는 존재인 인간들은 농작물을 경작하고 가축을 키우는 축복을 얻었다.

이집트의 "아톤(태양) 찬가"를 보면, 세상이 번성하고 번식하도록 축복을 내린 것은 아톤이다. 그가 나일강을 주어서, 새들은 갈대밭에 있는 둥지에서 날아올라 아톤이 부여해준 삶에 대해 즐겁게 노래했고, 소 떼가 무럭무럭 자라고 송아지들은 행복과 만족감에 꼬리를 흔들었다. 아톤은 다른 사람들에게도 삶의 풍요를 경험할 수 있도록 "하늘의 나일"을 주었다. 또한 아톤은 모든 사람들이 아톤의 계획에 따라 각자의 방식대로 삶의 축복과 번영을 누릴 수 있도록 명령을 내렸다.

인간 왕이 번성하면 그의 왕국도 번성하며 질서와 번영이 뒤따랐다. 왕이 성적으로 왕성하고 강하며, 많은 처첩에게서 많은 아이를 낳는다면 왕국은 강대할 것이다. 왕의 육체가 건강하고 강하며 정신이 맑고 깨어있다면, 곡식이 잘 자라고 가축이 번성하고, 소 떼가 늘고 상인들은 이익을 볼 것이며, 많은 아이들이 태어날 것이다. 때맞춰 비가 내릴 것이고 이집트의 땅을 비옥하게 해주는 나일강의 범람이 해마다 일어날 것이다.

같은 내용이 성경의 히브리왕과 족장들의 이야기에도 있다. 야훼가 그들에게 두 가지를 요구했다. 하나는 그들이 "야훼의 길을 걷는 것"이고, 또 하나는 그들이 "많은 열매를 거두고 번성하는 것", 즉 많은 아내를 거느리고 아이를 많이 낳는 것이다. 부족장 아브라함, 이삭, 그리고 야곱의 이야기에서, 한 아내가 아이를 낳지 못하면 남편을 위해 다른 아내나 첩을 찾아 대신 출산의 의무를 다하도록 한 것을 볼 수 있다.

다윗왕은 많은 여성을 거느리고 그들을 통해 많은 아이를 낳았다. 중요한 점은, 이 남성들이 육체적, 정신적으로 건강하면 그들의 부족과 왕국도 번영했다는 것이다. 신화에 의하면 인간왕은 왕 에너지의 현신이며, 대지와 왕국은 여성 에너지의 현신이다. 실제로 왕은 상징적으로 대지와 결혼했다.

항상 왕은 궁극적인 질서생성과 창조의 행위로서 자신의 정실부인의 모습을 가진 대지와 결혼한다. 창조를 위한 그녀와의 협력관계를 통해서만 모든 면에서의 왕국의 번영을 확보할 수 있는 것이다. 창조적인 에너지를 '아이'라는 형태로 왕국에 전달하는 것이 왕과 왕비의 의무이기도

하다. 왕국은 중심에 있는 왕실의 생산력을 투사할 것이며, 왕국의 중심은 창조의 중심이다.

왕이 아프거나 약해지거나 불임이 되면 왕국도 쇠퇴했다. 비가 내리지 않고 곡식은 자라지 않았으며 소 떼는 번식하지 못했다. 장사꾼은 거래를 잃고 가뭄이 왕국을 삼켰으며 사람들이 죽어갔다.

그러므로 왕은 신의 세계 — 왕 에너지의 세계 — 를 현실 세계로 이어주는 통로이며, 샤마쉬 앞에 섰던 함무라비왕처럼 인간과 신을 이어주는 중재자이다. 왕은 생명력이라는 혈액을 인간사회로 흘러들어오게 하는 중심 동맥이라고 말할 수도 있을 것이다. 왕이 중심에 있기 때문에 어떤 면에서는 왕국의 모든 것이 (모든 것의 존재가 왕의 덕이기 때문에) 왕의 것이라고 할 수 있다. 여기에는 곡식, 가축, 사람, 그리고 여인들 모두가 포함된다. 그러나 이론상으로만 그렇다는 것이다. 다윗왕은 아름다운 밧세바를 간음할 때 이 원칙을 어겼다. 이에 대해서는 곧 이어질 그림자 왕 부분에서 더 자세히 다룰 것이다.

고대 왕의 예시를 통해 볼 수 있는 왕 에너지의 두 번째 기능은 육체적 의미의 다산, 일반적 의미의 생성과 창조의 기능 외에도 축복의 기능이 있다. 축복이란 정신적 혹은 영적인 것이다. 선한 왕은 항상 다른 사람들을 굽어살피고 축복받아 마땅한 사람을 찾아낸다. 왕이 그들을 찾아내는 방식은, 말 그대로 청중 속에 있는 그들이 왕의 눈에 들어오는 것이다. 그들을 발견한다는 것은 심리적 의미로 그들의 진정한 가치를 안다는 뜻

〈아케나톤과 가족〉, 기원전 14세기, 1879년 출판된 탁본

이다. 훌륭한 왕은 훌륭한 사람을 발견함을 기뻐하며, 그들을 책임 있는 지위로 승격시킨다. 그가 청중을 만나는 것은 자신을 그들에게 보이려 함이 아니라, 그들을 보고, 경탄하고 기뻐하기 위한 것이고, 그들에게 보상을 내리고 명예를 주기 위함이다.

고대 이집트의 파라오인 아케나톤이 왕궁의 발코니에 서서 아버지 신인 태양신 아톤의 빛에 둘러싸여 가장 유능하고 충실한 자신의 찬미자들에게 금반지를 던져주는 아름다운 그림이 있다. 남성적인 태양빛에 비추어, 왕은 자신을 따르는 자들을 알아보고, 그들을 위해 생성적, 창조적인 에너지를 발산하며 축복을 내린다. 축복받는다는 것은 심리적으로 큰 영향을 끼친다. 자신의 가치를 인정받고, 칭찬받으며 축복받을 때 우리 몸의 화학적 구성이 변한다는 연구결과도 있다.

오늘날의 청년들은 연장자의 축복에 목말라 하고, 왕 에너지의 축복에 굶주렸다. 그래서 그들은, 소위 '정신을 차리지' 못하는 것이다. 있어서는 안 되는 일이다. 그들은 축복받아야 하고, 왕의 보살핌을 받아야 한다. 그래야만 내면의 무언가가 움직여 '정신을 차리게' 될 것이다. 그것이 축복의 효과다. 축복은 치유하며 온전한 존재로 만드는 힘이 있다. 그것이 누군가가 우리의 재능을 알아봐주고 높이 평가해 주며 (파라오의 손에서 떨어지는 금화로) 보상해줄 때 일어나는 일이다.

물론 많은 고대 왕들은 오늘날 '왕과도 같은' 위치에 있는 많은 남자들과 마찬가지로 훌륭한 왕의 이상적인 모습과는 큰 차이가 있었다. 그러나 이 '왕'이라는 중심 원형은 우리 모두에게 있고, 우리를 통해 세상에 구현되어 세상을 굳건하게 하고, 창조하고, 축복할 기회를 기다리고 있다.

그렇다면 훌륭한 왕의 자질은 무엇이라고 말할 수 있을까? 고대의 설화와 전설에 의하면 이 성숙한 남성 에너지의 특징은 무엇일까?

온전한 왕 원형은 성숙한 남성의 심리에서 질서와 이성적이고 합리적인 행동 양식, 통합과 완전함의 자질을 가지며, 혼란의 감정과 무분별한 행동을 자제하게 한다. 그것은 또한 안정감과 자주성을 주며 차분한 속성을 가지고, '자양분을 주는' 특유의 성질과 무게감을 지닌 동시에 생기와 생명력, 그리고 기쁨을 준다. 그것은 지속성을 가지며 균형이 있다. 그것은 고유한 우리 내면의 질서를 지키고, 우리의 존재와 목적의 진정성과, 우리가 누구인가에 대한 내적 안정감을 준다. 이 세상을 단호하지만 따뜻한 시선으로, 다른 사람들의 약점만이 아닌, 재능과 가치까지 모두 보게 한다. 그것은 그들을 명예롭게 하고 격려하며, 온전한 존재가 되도록 이끌고 양육하며, 왕으로서의 자신의 가치에 대해 안정적이기 때문에 시기하지 않는다. 그리고 우리와 다른 이들의 내면의 창조력에 대해 보상하며 격려한다.

왕 원형에 내재하는 전사적 측면은, 질서가 위협을 받아 그 공격적인 힘을 필요로 할 때 나타나며 내적 권위를 가진다. 왕 원형은 인지하고 이해하며(마법사의 측면), 깊은 지식을 바탕으로 행동한다. 우리 자신과 다른 이들을 기쁘게 하고(연인의 측면) 진심을 담은 칭찬의 말과 우리의 삶을 개선하는 구체적인 행동을 통해 그 기쁨을 표현한다.

이것이 바로 한 남자가 자신의 아내와 아이들의 행복을 위해 필요한 재정적, 심리적 노력을 할 때 표출되는 원형의 에너지다. 이런 에너지를 가진 성숙한 남성은 아내가 변호사가 되기 위해 다시 학교에 다니기를 원할 때 격려해 주며, 아들의 피아노 리사이틀에 참석하기 위해 휴가를 낸다. 반항심을 가진 부하직원과 언쟁을 해도 해고하지 않는 상사나, 공장의 조립 근무대에서 알콜 중독에서 회복 중인 사람이나 마약 중독자를 책임지고 감독하며 그들이 중독에서 벗어날 수 있도록 이끌어주는 선임 근로자는 모두 이 에너지를 가진 사람들이다.

회의 중 모두가 흥분할 때도 꿋꿋이 침착함을 유지하는 사람도 그러하며, 혼란과 분투의 시간에 침착함과 확신을 주는 말, 격려해 주는 목소리도 왕 에너지의 힘이다. 가정이나 직장, 국가, 더 나아가 세상에서, 충분한 숙고 후 내리는 명쾌한 결론도 그러하며, 평화와 안정, 질서정연한 성장, 그리고 다른 사람들의 성숙을 추구하며, 사람들뿐 아니라 환경과 자연 세계의 성장을 추구하는 것도 이 에너지다.

왕 에너지는 고대 신화에서 '사람들을 이끄는 목자'나 '정원사', 그리고 왕국의 동물과 식물을 돌보는 자들에게서도 보이며, 명확하고 침착하며 권위 있는 목소리를 낸다. 처벌은 최소로, 보상은 최대로 하는 에너지이며, 모든 남성에게 내재한 중심, 즉 태초의 언덕으로부터 들려오는 목소리다.

왕의 그림자 원형: 폭군과 나약한 왕

대부분의 사람들은 살면서 성숙한 남성의 에너지를 어느 정도 경험한 적이 있을 것이다. 때로 자신이 훌륭한 사회구성원이며 침착하고 내면의 무게감이 있다고 스스로 느꼈거나, 아버지나 삼촌, 할아버지, 직장동료나 상사, 선생님, 목사 등으로부터 그런 느낌을 받았을 수도 있다. 그러나 우리는 단편적으로 스치듯 느꼈을 뿐, 온전한 형태의 왕 에너지를 겪어본 적은 거의 없다. 슬픈 사실은 이 에너지가 대부분의 남자들의 삶에 절대 부족하다는 것이다. 우리가 주로 겪는 것은 그림자 왕이다.

다른 원형에서도 그렇듯이 왕의 원형에도 능동적-수동적 양극의 그림자 원형이 있다. 그림자 왕의 능동적 극에는 '폭군'이 있고, 수동적 극에는 '겁쟁이'가 있다.

우리는 기독교의 예수 탄생 이야기에서 폭군 원형을 볼 수 있다. 아기 예수가 태어나자마자 헤롯왕은 자신이 다스리는 세상에서 아기가 태어났고 살아있다는 사실을 알아차렸다. 그는 베들레헴으로 군사를 보내서 새 왕(새 생명)을 찾아 죽이라고 명했지만, 예수는 신성한 아이였기 때문에 제 때에 도망칠 수 있었다. 헤롯의 군사들은 마을의 모든 남자아기를 죽였다. 아기가 태어날 때마다 우리 내면과 외부의 헤롯이 공격한다. 폭군은 새 생명을 증오하고, 두려워하며 질투한다. 그의 지위를 뒤흔드는 위협이기 때문이다. 폭군은 세상의 중심에 있지 않고, 침착하지 못하고, 생산적이지 않으며, 창조적이지 않고, 파괴적이다. 만약 그가 자신의 생산성과 내면의 질서, 즉, 자신의 내적 구조에 대해 확고한 믿음이 있었다면 자신의 왕국에 새 생명이 탄생하는 것을 기뻐했을 것이다. 헤롯왕이 그런 사람이었다면, 왕 원형이 새 왕 예수 그리스도에게서 구현될 수 있도록 왕위를 내려놓고 물러나야 할 때가 다가왔다는 것을 알았을 것이다.

또 다른 성서 속 인물로 사울이 있다. 사울의 이야기도 이와 비슷하게, 폭군 원형에 사로잡힌 인간 왕에 대한 것이다. 새로 지명된 다윗에 대한 사울의 반응은 예수를 대하는 헤롯왕의 것과 같았다. 그는 두려움과 분노에 사로잡혀 다윗을 죽이려고 했다. 예언자 사무엘이 사울에게 야훼가 더 이상 사울이 왕이기를 원치 않는다고, 즉, 왕의 에너지로서 원치 않는다고 말했지만 사울은 자신이 왕이라고 생각하며, 왕좌를 떠나는 것을 거부했다. 폭군 원형의 사람들은 집이나 사무실일 수도 있고, 백악관이나 크렘린일 수도 있는 곳에서 지배자의 지위를 가진 사람들로, 자신이 왕과 같다고 생각하며, 실상은 그렇지 않다는 사실을 깨닫지 못한다.

또 다른 고대의 예는 로마의 황제 칼리굴라다. 이전의 황제들도 물론 원로원 의원들이나 국민들의 위, 그리고 지중해 전역에 군림하는 권력을 가졌다. 하지만 그들은 죽은 후에 신적인 존재가 되었음에 비해, 칼리굴라는 생전에 스스로를 신이라 칭하는 새로운 지평을 열었다. 주변 사람들에 대한 그의 광기나 학정, 가학 성향은 실로 놀라울 정도다. 로버트 그레이브는 자신의 책 《나는 황제 클라우디우스다(2007, 민음사)》와, 그 책을 바탕으로 제작된 티비 시리즈에서 칼리굴라 내면의 그림자 왕이 폭군으로 변해가는 과정을 생생하게 묘사했다.

폭군은 다른 사람들을 착취하고 학대한다. 잔인하고 무자비하며, 자신에게 이익이 되는 것을 쫓을 때 별 감정이 없다. 그가 다른 사람에게 수모를 주는 것에는 한계가 없다. 그는 아름다움, 순수함, 강함, 재능, 에너지와 같은 모든 것을 증오한다. 앞에서도 말했듯, 자신의 내면의 구조가 불안정하고 자신의 숨겨진 나약함과 무력함을 두려워하기 때문이며, 실제로 공포에 사로잡혀 있다.

아들(딸들도 마찬가지다)의 즐거움과 힘, 능력, 활기를 억압하려는 아버지의 내면에는 폭군 형태의 그림자 왕이 있다. 그는 자식의 신선함, 새로운 존재로서의 활기, 그리고 솟구치는 생명력을 두려워하여 죽이려고 한다. 말로 모욕을 주고, 그들의 흥미와 희망과 재능을 꺾어버리거나, 그들의 성취를 무시하고, 좌절했을 때 위로하는 대신 등을 돌려버린다. 그들이 학교에서 집으로 돌아와 수업 시간에 만든 미술작품을 보여주거나, 시험에서 좋은 성적을 거두어도 관심을 갖지 않는다.

그의 공격은 신랄한 말이나 심리적 학대에 국한되는 것이 아니다. 신체적인 학대가 있을 수도 있다. 처음에 찰싹 때리던 정도의 학대는 나중에는 두들겨 패는 정도로 커지며 성적 학대가 있을 수도 있다. 폭군 형의 아버지는 딸을 성적으로 착취하거나 아들의 나약함을 이용하기도 한다.

한 젊은 여성이 결혼생활의 어려움에 대해 상담하기 위해 온 적이 있다. 치료를 시작하고 얼마 지나지 않아서 그녀는 폭군 왕 원형에 의해 성적으로 착취당한 과거에 대해 얘기했다. 열두 살 무렵 그녀의 아버지는 아내와 딸들을 떠나 다른 여자와 살기 시작했고, 그 여자의 남편이 그녀의 집으로 옮겨와 함께 살게 되었다. 그는 새 아내를 좋아하지 않았고 이내 의붓딸의 아름다움과 연약함에 눈을 돌렸다. 그는 그녀에게 같이 잘 것을 요구했고, 처음엔 단순히 밤에 침대 옆자리에 눕게 하는 정도였다. 그러나 곧 자신의 성기를 자극하도록 요구했고, 침대 옆에 둔 화장지에 사정했다. 마침내는 성관계를 가지도록 요구하며 응하지 않을 경우 그들을 떠날 것이고 재정적으로 곤란하게 만들 것이라고 협박했다. 여성의 어머니는 단 한 번도 이 끔찍한 행위를 멈추기 위한 시도를 하지 않았고, 아침이면 침대 아래 버려진 화장지들을 부지런히 치울 뿐이었다.

다윗왕과 밧세바의 이야기에서, 밧세바는 다른 남자, 히타이트 사람인 유리아의 아내였다. 어느 날 다윗왕은 지붕 위를 걷다가 밧세바가 목욕하는 것을 보게 되었다. 그는 이 광경에 크게 흥분해서 그녀에게 사람을 보내 자신과 성관계를 맺도록 강요했다. 이론적으로는 왕국의 모든 것이 왕의 것이다. 그러나 그것은 왕의 원형에 대한 것이지 인간 왕에게 해당되는 것이 아니다. 다윗왕은 무의식적으로 자신을 왕 에너지와 동일시했으며 밧세바를 취했을 뿐 아니라 그녀의 남편인 유리아를 죽였다. 다행히도 예언자 나단이 다윗의 양심을 일깨웠다. 나단이 다윗왕을 비난하자, 그를 깊이 신뢰했던 다윗왕이 이를 받아들이고 뉘우쳤기 때문이다.

폭군 왕 원형은 우리 모두에게 있고, 우리가 한계에 부딪혔을 때, 기진맥진했을 때, 자만감에 찼을 때 모습을 드러내며, 특정 성격 유형, 즉 자기애성 성격장애 유형에서 특히 흔하다. 이 유형의 사람들은 자신이 세상의 중심이며 (자기 자신의 중심조차 잡혀있지 않은데도 말이다) 다른 사람들은 자신의 시중을 들기 위해 존재한다고 생각한다. 그들은 자신이 다른 사람들을 보는 대신, 다른 사람들이 자신을 봐주기를 원한다.

폭군 유형이 특히 많이 보이는 생활방식이나 '직업'도 있다. 마약 판매인, 포주, 마피아 두목 등이 그 예다. 그들의 삶의 목적은 자신들의 지위를 확고하게 다지는 것이고, 관심사는 오직 다른 사람의 희생으로 얻게 될 자기 자신의 이익뿐이다. 이런 이기적인 모습을 사회적으로 인정받는 위치의 사람들에게서도 볼 수 있다. 당신을 면접하는 사람은 당신의 경험과, 교육 배경, 희망 등에 대해 당신 자신과, 당신이 일자리를 구하고자 하는 그 직장에 대해 스스로 이야기를 풀어갈 수 있도록 유도해야 한다. 그런데 대신에 자기 자신의 성취와 권력, 수입과 회사의 좋은 점에 대해서만 이야기하며, 당신에 대해서는 물어보지 않는다.

현대의 미국 기업에서 일하는 사람들 중 많은 이들이 자신이 일하는 회사에 대해 전혀 흥미가 없고, 그저 빠져나갈 궁리만 하며 진전없는 회사 생활을 이어간다. 중역들 중 많은 사람들이 자신의 '영역'에서 훌륭한 관리자가 되는 것보다 자신의 경력을 쌓는 데 더 정성을 기울인다. 회사에 대한 헌신이나 충성은 없고 오직 자신의 이득만이 중요하다. 개인의 경제적 이익을 위해 회사를 파는 CEO는, 회사가 조각조각 분해되어 팔리고 자신의 친구와 충성스러운 직원들이 쓸모없는 짐짝 취급을 받는 것을 대수롭지 않게 여긴다.

폭군 유형의 사람은 비판에 매우 민감하며 겉으로는 위협적인 모습을 보이지만 아주 작은 계기에도 쉽게 무력감을 느끼고 자신감을 잃는다. 그러나 이런 모습을 당신에게 보이지는 않을 것이다. 겉으로 드러나는 모습은 분노일 뿐이지만, 내면은 나약함과 자신이 쓸모없다고 느끼는 무기력감이다. 폭군 유형의 뒤에는 왕 원형의 또 다른 그림자 원형인 '나약한 왕'이 있다. '나약한 왕'이 자신에게서 왕의 에너지를 발견하지 못하면, 자신은 아무것도 아니라는 느낌을 가지게 된다.

이 수동적인 유형을 가진 사람들은 '미러링'에 대한 욕구, 즉 다른 사람들이 자신을 중요하게 여기고 모방하기를 바라는 성향이 강하다. "나를 사랑해라!" "나를 숭배해라." "내가 얼마나 중요한 사람인지 보아라!" 우리는 이런 유형의 사람들을 친구들이나 상사들에게서 흔하게 본다. 흔히 그들은 약해 보이는 사람들에게 분노를 터뜨리고 공격한다. 자신의 나약함과 무가치성을 다른 사람들에게 투사projection하여 분노를 느끼는 것이다. 패튼 장군은 장점도 많았지만 분명 자신의 나약함과 비겁함에 대한 분노를 가지고 있었다. 영화《패튼Patton》을 보면 제2차 세계대전 중에 패튼이야전병원을 방문하는 장면이 있다. 그는 병상 사이를 돌며 부상자들을 치하하고, 그들에게 훈장을 주었다(왕 에너지가 충만할 때 하는 일이다). 하지만 그가 '셸 쇼크[37]'에 시달리는 병사에게 다가가서 무엇이 문제인지 물었을 때 상황이 돌변했다. 병사는 정신적 충격으로 신경이 매우 예민해졌다고 말했다. 생명을 주는 왕의 동정심을 가졌다면 자신의 부하가 겪는 어려움을 이해하고 위로했을 테지만, 패튼은 격노해서 병사의 뺨을 때리고 그를 비겁자라고 부르며 모욕하고 학대했으며 병원에서 쫓아내 전선으로 보냈다. 스스로 깨닫지는 못했겠지만 그가 병사에게서 발견한 것은 바로 자기 자신의 숨겨진 두려움과 나약함이며, 다른 이를 통해 자기 내면을 엿보고 수치심을 느낀 것이다.

나약한 왕 원형에 사로잡힌 사람은 내면의 중심이 없고, 안정적이지 못하며 피해망상을 가진다. 헤롯왕이나 사울, 칼리굴라 모두에게서 이런 특징이 보였다. 그들은 밤에 잠을 못 이루고 궁정을 걸어다니며 부하들이 배반할까 두려움에 떨었으며 — 사울의 경우에는 자식들마저 경계했다 — 진정한 왕인 신에게서 인정을 받지 못할까봐 불안해했다. 양극의 그림자 왕 유형의 사람들은 자신의 잔인한 공격적 성향으로 다른 사람들도 같은 행동을 보일 것이라고 생각하기 때문에 두려움이 많다. "당신이 피해

37 전쟁신경증. 심리학자 찰스 새뮤얼 마이어스가 만든 용어로, 전쟁 중 많은 군인이 겪은 외상후증후군이다. 융단폭격, 전투 등 격렬한 상황에서 느낀 공포로 인해 정상적인 생각이나 잠자기, 걷기, 말하기 등이 불가능한 상태가 되거나, 다양한 무력감을 경험한다. -위키백과

망상증이라고 해서 결코 피해를 입지 않는다는 뜻은 아니다."라는 격언에 우리는 웃어넘기지만 그들은 실제로 두려움에 떠는 것이다. 그래서 방어적이며 적대적인 "그들이 당신을 치기 전에 먼저 그들을 쳐야 한다."라는 망상증은 자기 자신의 안정과 질서를 무너뜨리고 자신과 다른 사람들에게 파괴적이며 복수를 부른다.

한 목사가 자신의 교회에서 위기를 겪은 후 심리분석을 시작했다. 게으르고 무책임한 불평자들과 정신적 문제를 가진 무법자들이 한데 모여 시기심 때문에 목사를 파멸시키려고 했다. 이 모임을 이끄는 사람은 신의 목소리를 들었다고 주장하며, 꿈속에서 목사가 자신이 반대편에 섰다는 이유로 자신을 죽이려고 하고 있다는 계시를 받았다고 했다. 피해망상은 전염된다. 쿠데타의 주동자이자 피해망상의 선동자는 목사에게 위협적인 전화와 증오 편지를 보내고, 예배 중에 소란을 일으켰으며, 교회의 모임에서 목사의 허물을 들추며 밤낮으로 몹시 괴롭혔다. 왕 에너지와의 관계가 아직 확고하지 못했던 목사는 차츰 폭군과 나약한 왕의 영향을 받기 시작했다. 그는 교회 정책에 대해 점점 더 폭군으로 변했고, 교회를 운영하는 데 있어 자신에게 점점 더 많은 권한을 부여하며, 적들을 교회로부터 몰아내기 위해 부정한 방법을 쓰기 시작했다. 그러는 동안 그는 자신의 숨겨진 공포와 나약함을 드러내는 무서운 악몽을 매일 밤 꾸게 되었다. 서로에 대한 피해망상이 커지면서 목사와 신자들은 혼돈과 속임수의 세계에 살게 되었다. 목사가 그토록 가르치고자 했었던 영적 가치가 전혀 없는 곳이었다. 이것은 그림자 왕이 승리한 수많은 예 중 하나다.

우리는 '아기 의자 폭군'이 유아적 패턴에서 벗어날 때, '폭군'과 '아기 의자 폭군'과의 관계를 잘 볼 수 있다. 신성한 아이가 어떤 면에서 우월감을 느끼며 당당한 것은 매우 정상적인 것이다. 아기 예수와 같은 신성한 아이가 왕을 포함한 모든 사람에게서 사랑받고 경배받기 원하는 것은 지극히 자연스럽고 정상적이다. 부모가 해야 하는 것은, 쉽지 않은 일이지만 그들의 아이 내면에 있는 신성한 아이에게 적절한 양의 사랑과 긍정의 메시지를 줌으로써 이 아이들이 아기 의자에서 쉽게 내려올 수 있도록, 그리고 차츰 현실 세계 속으로 들어갈 수 있도록 이끌어주는 것이다. 현실 세계에서는 신이 인간들처럼 살 수 없다. 부모는 아이가 자신을 신성한 아이와 동일시하지 않도록 도와주어야 한다. 아이가 아기 의자에서 쓰고 있던 왕관을 벗는 것에 저항할 수도 있지만, 부모는 인내심을 가지고, 아이에게 긍정 메시지를 주며 조금씩 내려올 수 있도록 이끌어야 한다.

부모가 아이를 지나치게 사랑하고 신성한 아이 원형의 밖에서 자아가 형성되도록 돕지 않는다면 아이는 절대 아기 의자에서 내려오지 않을 것이다. 아기 의자 폭군의 힘에 취해 아이는 자신이 '황제'라고 생각하며 어른이 될 것이다. 이런 사람들에게 우리가 "세상에! 네가 왕인 줄 알아?"라고 말한다면 그는 이렇게 대답할지도 모른다. "응. 그게 어때서?" 남자의 심리에서 그림자 왕은 이렇게 형성되는 것이다.

그림자 왕이 형성되는 또 다른 방식은, 부모가 처음부터 아기를 학대하며, 아기의 영광과 우월감을 공격하는 경우다. '신성한 아이'와 '아기 의자 폭군'의 우월감은 분열되어 아기의 무의식으로 숨어 들어가고, 결과적으로 나약한 왕 유형의 영향을 받게 된다. 나중에 아기가 어른이 되어 나약한 왕 유형의 영향을 지배적으로 받게 되면 어른 세계의 거대한 압박 하에서 억눌려있던 우월감이 폭발하여 표면으로 떠오를 수 있지만 아주 거칠고 다듬어지지 않은 모습으로 통제할 수 없고 매우 강하다. 이 사람은 차분하고 이성적이고 친절한 사람으로 보이지만 윗자리로 올라가면 '완전히 다른 사람', 즉 작은 히틀러 같은 사람으로 변모한다. 이 사람은 "권력은 부패한다. 절대 권력은 절대 부패한다."라는 말이 완벽하게 들어맞는 사람이다.

왕 에너지 접하기

인간 '왕'이 될 사람이 왕 에너지를 접하기 위한 첫 과제는 자신의 자아를 왕 에너지와 동일시하지 않는 것이다. 우리는 왕이 완벽한 형태의 에너지든, 그림자 왕의 유형이든 간에 거리를 두어야 할 필요가 있다. 이것을 심리학자들은 '인지적 거리'라고 부른다. 성인의 삶에서 현실적 위대함이란, 허세나 우월감과 반대되는 것으로서 왕 에너지나 다른 성숙한 남성 에너지와 적절한 관계를 맺고, 이것을 인식하는 것을 의미한다. 이 적절한 관계란 행성이 태양의 주위를 맴도는 것과 비슷하다. 태양계의 주인공은 행성이 아니라 태양이다. 행성의 역할은 생명을 창조하기도 하지만 죽음을 주기도 하는 태양의 주위를 적절한 거리를 유지하며 도는 것이다. 그래야만 행성의 생명과 행복을 지속시킬 수 있다. 행성의 생명은 태양에서 나온 것이므로 행성은 태양이라는 초인간적 존재에 대해 '경외감'을 가진다. 다른 예를 들어보면, 성숙한 남성의 자아는 자신을 — 인간의 자아가 일시적으로 어떤 상태를 가지든 간에 — 초인간적 존재 혹은 '대의'를 섬기는 종으로 여긴다. 왕 에너지를 섬길 뿐, 자기 자신의 이익을 구하지 않으며 왕 에너지의 '영역'에 있는 자들의 이익을 구한다.

각 원형의 그림자 원형의 양극에서 '능동적' 원형과 '수동적' 원형 간의 차이점을 보는 두 가지 방식이 있다. 앞서 살펴보았듯이 한 가지 방식은 원형 구조를 삼각형 혹은 삼위일체의 모형으로 보는 것이다. 또 다른 방식은 원형 에너지가 충만했을 때 자아와 원형 에너지를 동일시하는지 아닌지로 판단하는 것이다. 동일시하는 경우, 자아에 허세가 생기고 유아 단계에서 성장을 멈추고 만다. 지나치게 분리해서 생각하는 경우에는 자아는 원형 에너지에 접할 기회 자체를 박탈당한다. 그래서 왕의 그림자 원형의 수동적 극에 갇혀 버리고 만다. 왕 에너지에 굶주린 자아와, 박탈감과, 힘의 근원과 동기의 결핍감이 그림자 원형의 수동적 양상에서 항상 나타나는 특징이다.

이런 관점에서, 그림자 왕의 폭군 원형은 자아를 왕 에너지와 동일시할 때 나타나므로, 초월적 책임감이 없다. 폭군은 항상 자기 자신이 최우선이다. 한낱 인간의 자아는 적절한 궤도를 유지하지 못하기 때문에 태양에 부딪치거나 너무 가까이 다가가서, 쌍성계에서 볼 수 있듯이 엄청난 양의 가스를 끌어당겨 부풀어 오른다. 즉, 정신상태가 매우 불안정해진다. 행성이 태양 행세를 하며 전체 태양계의 중심이 사라져 버린다. 이것이 '왕위찬탈 증후군'으로, 자아가 왕의 지위와 힘을 차지하는 것이다. 신화에서 젊은 신이 최고신을 밀어내고 왕좌를 차지하려는 반란이며, 이와 비슷한 이야기들을 많은 신화에서 찾아볼 수 있다. (사탄이 하느님을 밀어내려한 것을 상기할 수 있다.)

왕 에너지에 접하는 데 있어서 또 다른 문제점은, 생명을 주는 왕의 에너지를 접하지 못한다고 느낄 때 발생한다. 이런 경우를 우리는 '의존성 인격 장애'라고 부른다. 의존성 인격 장애를 가진 사람들은 자신의 내면에서 왕 에너지를 찾지 못하고 다른 사람에게서 찾으려 한다. 그런데 자신의 의지하는 사람이 기꺼이 관심을 기울여 주지 않으면 스스로 의사 결정을 하지 못하고 정서 불안 상태가 된다.

주변에서 볼 수 있는 예로서, 남편이 아내의 눈치를 보며 기분을 맞춰주려고 애쓴다거나 주체적인 결정을 내리지 못하는 경우가 그렇다. 부모가 아이들에게 충분히 독립적 의사 결정과 취향, 목표 등을 허용해 주지 않는다면 의존성 인격 장애 성향을 가지게 되며, 이는 직장에서도 마찬가지다. 상사의 권력과 기분에 지나치게 휘둘리거나, 동료들 앞에서 재채기도 감히 못할 만큼 눈치를 보는 것도 의존성 인격 장애의 양상이다. 이런 일들은 큰 규모의 왕국에서도 일어났다. 스스로 농부라고 생각하는 국민들이 자신의 내면속의 왕 에너지를 '총통'에게 넘겨준 것이 그 예이다. 이 '포기 증후군'은 나약한 왕의 특징으로서 '찬탈 증후군' 못지않은 재앙이다.

'포기 증후군'이 불러온 비극적 결과의 예를 들어보자. 현재의 멕시코시티 근처에 있는 오툼바 평원에서 있었던 일이다. 코르테스가 멕시코를 정복할 때, 멕시코 군대의 거센 반격에 쫓겨 테노치티틀란(오늘날의 멕시코시티)에서 한밤중에 도망쳐 나온 것이 6일 전이었다. 다음 날 아침, 겁에 질린 코르테스의 병사들이 오툼바 들판을 보니 엄청난 숫자의 멕시코 군대가 진을 치고 있었다. 코르테스군의 운명은 이미 기울어진 것 같아 보였다. 그러나, 전투가 벌어진 후 코르테스는 멕시코군 사령관의 깃발을 발견하고, 그들의 운명이 자신에게 달려있다는 생각에 적군의 목을 베며 필사적으로 깃발을 향해 전진해서 일격에 총사령관을 살해했다. 스페인 군대에게는 놀랍게도, 멕시코 군대는 공포에 사로잡혀 달아나기 시작했다. 스페인군은 그들을 추격하여 대부분을 죽였다. 멕시코군이 그들의 총사령관이 살해당한 것을 목격한 것이 전쟁의 흐름을 바꿔버린 것이다. 그들은 모든 왕 에너지를 총사령관에게 투영했었고, 그가 죽었을 때 왕 에너지가 그들을 버렸다고 느낀 것이다. 리더의 죽음으로 인해 그들의 무기력감이 표면으로 떠올랐고 무력감과 혼란에 굴복해버렸다. 만약 그들 모두에게 내재된 왕 에너지가 있다는 사실을 알았더라면 그들은 절대로 이토록 쉽게 정복되지 않았을 것이다.

우리가 각각의 내면에 내재된 왕 에너지와 접하지 못하고 자신의 삶에 대한 권력을 다른 이에게 맡긴다면, 개인 수준을 넘어선 재앙을 맞게 될 수 있다. 우리가 자신의 왕 에너지를 포기하고 권력을 맡긴 사람들은 우리를 전쟁터로 내몰거나 가정을 유린하고, 대량 학살을 일으켰다. 독일의 나치나 존스타운[38]이 그 예이다. 혹은 폭군들이 우리를 버렸을 때, 우

38 Jonestown. 샌프란시스코의 피플스 템플(People's temple)의 리더인 짐 존스가 신도들을 이끌고 가이아나의 존스타운에 '피플스 템플 농장 프로젝트'를 세웠다. 1978년 11월 18일 존스타운에서 "혁명적 자살"이라는 명목으로 909명의 신도들이 죽었다. 이 집단 자살 이후로 포트카이투마에서 존스의 지시에 따른 5건의 살인이 일어났고, 이때 살해된 사람 중에 미국의 상원의원인 리오 라이

리 스스로의 내재된 나약함 때문에 이런 비극을 겪은 것일지도 모른다.

하지만 우리가 내재된 왕 에너지에 하인 된 자세로 올바르게 다가간다면 우리는 삶에서 선량하고 정당한, 충만한 왕의 에너지가 나타남을 볼 수 있을 것이다. 용병들은 중국의 황제 앞에서 예를 갖춰 무릎을 꿇을 것이며, 불안감은 사라지고 중심이 잡히며 안정감을 느낄 것이다. 내면의 권위 있는 목소리에 귀를 기울이며, 자신과 타인들을 굽어보며 축복하고, 돌볼 수 있는 능력을 가지게 될 것이다. 그에 따라 다른 사람들을 인정하고 그들을 완전한 인격체로서 보게 되며, 스스로가 정의롭고 안정된 세계를 창조하는 데 동참하는 참여자라는 생각을 가지고 가정과 친구, 회사, 종교, 더 나아가 세계를 위해 헌신하게 될 것이다. 우리는 내재된 왕 에너지와 접하는 경험을 통해 인간의 삶의 근본 바탕이 되는 가장 중요한 계명의 진실을 이해하게 될 것이다. "네 마음을 다하고 목숨을 다하고 뜻을 다하여 주 너의 하나님(즉 왕)을 사랑하라 하셨으니, 이것이 크고 첫째 되는 계명이요, 둘째는 그와 같으니 네 이웃을 네 몸과 같이 사랑하라."[39]

언도 있었다. 이후로 존스타운의 지역명은 피플스 템플의 집단 자살 사건과 동일한 의미로 흔히 사용되었다.

39 마태복음 22장 37절

6.
전사, 용기와 절제의 원형

우리가 살고 있는 이 시대는 '전사' 유형의 남성 에너지를 불편하게 여기는데, 여기에는 정당한 이유가 있다. 특히 여성들이 불편해하는 이유는 이 에너지의 그림자 원형의 가장 직접적인 희생자가 여성인 경우가 많기 때문이다. 우리 세기에 전쟁은 세계 곳곳에서 너무나 처참한 지경에 이르러서 공격적 에너지 그 자체가 공포와 의혹이 대상이 되었다. 서양에서는 이 시대가 '부드러운 남성'의 시대이고, 급진적 여성주의자들이 전사 에너지에 대항하여 적대적인 큰 목소리를 내는 시대다. 진보적 교회에서는 〈믿는 사람들은 주의 군사니Onward Christian Soldiers〉나 〈전승가The Battle Hymn of the Republic〉와 같은 '전투적' 찬송가를 책에서 삭제하고 있다.

흥미롭게도, 남성 에너지의 싹을 잘라버리려는 사람들이 바로 이 원형의 힘에 굴복한다. 우리는 투표로 간단하게 전사 에너지를 없앨 수 없다. 다른 원형들처럼 우리가 어떤 태도를 취하든 이 원형들은 살아남는다. 억압되는 다른 모든 원형들과 마찬가지로, 이 원형도 지하로 숨어들어 수 세기 동안 조용히 에너지를 축적하는 마그마처럼 숨어있다가 정신적, 육체적 폭력의 형태를 띠고 표면으로 떠오르는 것이다. 만약 전사가 본능적인 에너지 형태라면 분명 사라지지 않고 남을 것이며, 그것에 맞서기 위해서는 대가를 치러야 한다.

제인 구달은 아프리카에서 침팬지와(침팬지는 인간과 유전적으로 98% 일치한다) 함께 수년 동안 살았으며, 처음에는 침팬지가 기본적으로 정이 많고, 평화로우며 착한 동물이라고 보고했다. 이 보고서는 60년대에 큰 인기를 끌었다. 당시는 서구에서 수백만 명의 사람들이, 왜 전쟁이 사람들에게 이토록 매력적인 오락이 되었는지 이해하기 위해, 그리고 대규모의 분쟁을 해결하는 방법을 찾기 위해 애쓰던 때였다. 제인 구달은 첫 보고서를 낸 몇 년 후, 자신의 발견 이상의 많은 일들이 일어나고 있었다는 증거를 발표했다. 그녀는 '평화로운' 침팬지들 사이에서 전투, 유아살해, 아동학대, 유괴, 절도, 그리고 살해가 일어난다는 것을 알게 되었다. 로버트 아드리는 논란이 분분한 자신의 두 권의 저서 《아프리카의 기원African Genesis》과 《영토의 절대성The Territorial Imperative》에서 인간 역시 다른 동물들의 감정과 행동, 싸우고자 하는 욕구를 지배하는 것과 똑같은 본능에 의해 지배된다고 직설적으로 주장했다. 그의 최근의 연구에 따르면, 모든 인간 행동의 특성이 인간과 가장 유사한 영장류에게도 있다고 한다.

기업 간부나 보험회사 직원들까지 주말이면 숲으로 나가 전쟁 게임을 하는 현상은 대체 어째서일까? 그들은 나무 뒤에 숨어서 페인트 총을 쏘는 서바이벌 게임을 하며, 생존이 오가는 위험한 상황을 가정하여 전략을 짜며, 서로를 죽고 죽이는 모의전을 벌인다. 마치 군대조직처럼 수직체계로 조직된 도시 폭력조직의 바탕에 숨은 에너지는 무엇일까? 람보나 아널드 슈워제네거 영화, 《지옥의 묵시록》, 《플래툰》, 《풀 메탈 재킷》 등 많은 전쟁 영화의 인기는 무엇을 뜻하는 것일까? 우리는 영화나 TV 속의 폭력에 개탄하지만 분명히 전사 에너지는 우리의 내면에 살아있다.

많은 부분이 전쟁으로 채워진 인류의 역사를 훑어보기만 해도 알 수 있다. 거의 모든 문명에서 전사의 전통을 발견할 수 있다. 우리 시대의 지구는 두 차례의 세계대전으로 큰 고통을 겪었다. 최근의 동-서 냉전의 종식에도 불구하고 우리는 인류의 마지막이 될지 모르는 제3차 세계대전이 일어날까 두려워한다. 여기 뭔가가 일어나고 있는 것이다. 몇몇 심리학자들은 인간의 공격성이 유아기로부터 비롯된 것이라고 주장하고, 앨리스 밀러라는 심리학자는 이를 "해로운 교육", 즉 남자아이(여자아이도 마찬가지)에 대한 대규모의 학대에 대한 자연적 반응이라고 여겼다.

우리는 여기에 많은 진실이 있다고 믿는다. 특히 '그림자 전사' 유형이 만연한 것을 비추어보면 그렇다. 하지만 전사를 인간의 분노와 동일시해선 안 되며 오히려 그 반대라고 할 수 있다. 우리는 또한 이 형태의 남성 에너지가 (여전사의 신화와 전통도 있다) 계속 유지될 것이라고 믿는다. 남성 심리의 근본 단위이며, 유전자 속에 깊숙이 박혀있기 때문이다.

전사의 전통을 면밀하게 관찰해보면, 그것이 역사에서 무엇을 성취했는지 알 수 있다. 예를 들어, 고대 이집트인들은 수 세기 동안 평화스러웠고 본질적으로 부드러운 민족이었다. 그들은 고립된 나일강 유역에 살았으므로 잠재적 적들로부터 보호되었고, 주위의 사막과 지중해도 적들로부터 보호해 주었으므로, 매우 안정된 사회를 유지할 수 있었다. 그들은 마트신이 관장하는 우주 질서 내에서 모든 것이 조화를 이룬다고 믿었다. 그러나 기원전 1800년경, 셈족 계열의 사나운 힉소스[40]인들이 나일강의 델타를 통해 이집트를 침공했다. 힉소스인들은 말과 전차를 가지고 있었으며 그 당시로서는 아주 효율적이고 파괴적인 무기였다. 이런 파괴력에 익숙하지 않았던 이집트인들은 쉽게 정복되고 말았다. 힉소스는 이집트 대부분을 점령하고 철권통치를 수립했다.

기원전 16세기경, 단련된 이집트인들이 저항하기 시작했다. 타고난 왕 에너지와 새로이 발견한 전사 에너지를 결합시킨 새로운 파라오들이 남쪽에서 일어나 북쪽으로 맹렬하게 진격했다. 그들은 힉소스 세력을 무찌르고, 이집트를 되찾았을 뿐 아니라 북쪽으로 계속 진격하여 팔레스타인과 아시아를 정복하고 거대한 제국을 세웠다. 그 과정에서 그들은 넓은 지역에 걸쳐 예술, 종교, 사상 등 이집트 문명을 퍼뜨렸다. 투트모세 3세[41]와 람세스 2세[42]는 전쟁을 통해 이집트를 구한 것은 물론이고, 이집트 문

---

40 이집트의 북동쪽으로부터 이집트의 나일강 델타 지역의 동부를 침략하여 고대 이집트의 제2 중간기를 연 아시아 계통의 호전적인 인종 -위키백과

41 시리아, 누비아를 필두로 대규모의 군사 정복을 통하여 이집트의 영토를 최대로 넓혔다. 20세기 역사가들에 의해 '고대 이집트의 나폴레옹'으로 불리기도 한다. -위키백과

42 라메세스 2세라고도 불리며 히타이트와 전쟁을 했으나 나중에 평화롭게 지냈다.

화 중 가장 뛰어난 것들을 널리 퍼뜨렸다. 그들이 내면의 전사 에너지를 발견했기 때문에, 이집트의 도덕과 윤리, 그리고 사후 심판을 통해 정당한 권리가 있는 영혼만이 신과 함께 할 수 있다는 그들의 종교관이 오늘날 서구의 윤리와 사고 체계에 영향을 미치게 된 것이다. 비슷한 이야기를 메소포타미아 문명에서도 찾아볼 수 있다. 그것 역시 전사 원형에 에너지가 실림으로써 중요한 인류의 지식과 통찰력을 미래의 문명에 전달할 수 있게 된 것이다.

인도에서는 전사 계급인 크샤트리아가 인도를 정복하고 안정시켰고, 인도가 세계의 영적 중심지가 될 수 있는 배경을 만들었다. 북쪽 지방 페르시아의 그들의 친척들은 — 조로아스터교의 전사이자 왕들 — 조로아스터교를 근동 지방에 전파했다. 이 종교는 근대 유대교와 기독교의 출현과 현대의 근본적 세계관과 가치관에도 많은 영향을 끼쳤다. 서구 문명을 통해 전파된 조로아스터교의 가르침은 서구 문명의 영향을 받아 수정된 형태로서 지구 전역을 휩쓸고, 멀리 남태평양의 작은 마을의 생활과 도덕성에까지 영향을 미쳤다.

성경 속의 히브리인들은 원래 전사 부족으로, 전쟁의 신이자 히브리 경전의 신인 야훼를 섬겼다. 전사이자 왕인 다윗왕의 통치하에서 전사의 미덕에 바탕을 둔 윤리 체계는 더욱 강화되었다. 히브리인들에게서 많은 것을 물려받은 기독교의 전사들을 통해 많은 히브리인의 사상과 가치들이 전 세계로 퍼져나갔다.

저명한 철학자 마르쿠스 아우렐리우스(재위 161-180)와 같은 로마의

〈다윗과 골리앗〉, 피터르 슬라위터르(Jan Pieter Sluyter), 1700년경
골리앗을 돌팔매로 쓰러뜨리는 다윗을 그린 판화. 다윗은 소년일 때 블레셋의 거인 골리앗을 쓰러뜨려 유대인들의 영웅으로 떠올랐다. 다윗의 군사 활동으로 정립된 고대 이스라엘 왕국은 유대인들의 정체성에 중요한 기초를 쌓았다.

황제이자 전사들은 지중해 문명을 오랫동안 유지해서 게르만 민족들이 일부 문명화되어 마침내 로마제국을 침공하고 서구 역사를 바꿔놓을 수 있었다. 그리하여 이 역사는 15세기 이후로 전 세계의 역사가 되었다.

기원전 480년 스파르타의 소수 병력은 테르모필레 지역에서 페르시아군에 맞서 싸우고 유럽의 민주주의가 꽃피는 것을 지켜냈으니, 이 그리스의 전사들에 대해서도 잊어서는 안 된다.

북미에서는 아메리카 원주민들이 그들의 가장 사소한 행동에도 영향을 주는 전사 에너지와 항상 함께했다. 그들은 적(백인 침략자들)에 맞서 싸우며 민족을 방어하고, 엄청난 고통과 어려움을 견뎌내는 고귀한 삶을 살았으며, "오늘은 죽기 좋은 날이다!"라고 외치며 전쟁에 뛰어 들었다.

우리는 편견 없이 위대한 20세기 전사들을 보아야 할 것이다. 그들 중에는 위대한 전략가이며 용감하게 자신의 개인적인 목표가 아닌, 더 큰 목표를 위해 헌신한 패튼 장군과 맥아더 장군이 있다. 금욕적이고 엄격한 규율을 지키는 일본의 사무라이 전통도 재평가해야 할 것이다.

전사 에너지는 우리들 남성의 내면에 보편적으로 존재하며, 우리가 창조하고 수호하고 확장시켜 나가는 문명 속에 존재한다. 그것은 세계를 건설하는 데 없어서는 안 될 필수적인 요소이며 인간의 미덕과 문화적 성취를 모든 인류에게 전파하는 데 있어 매우 중요한 역할을 한다.

전사 에너지가 자주 계획을 벗어나는 것은 사실이고, 이런 경우 그 결과는 처참하다. 그러나 그럼에도 불구하고 왜 그것이 여전히 우리 내면에 존재하는지 자문해봐야 한다. 인류의 삶을 진화시키기 위해 전사 에너지가 하는 역할은 무엇인가? 남성의 심리에서 전사 원형의 목표는 무엇인가? 전사의 긍정적 특성은 무엇인가? 그것은 우리의 삶과 일터에서 어떻게 우리를 도울 수 있는가?

충만한 전사

충만한 '전사'의 특징은 삶의 전체적 방식에 그 에너지가 닿는다는 점이다. 이 특징이 전사의 다르마Dharma, 마트Ma'at, 혹은 도道라고 불리는 인생의 영적 심리적 여정을 만든다.

우리는 공격성이 전사의 특징 중 하나라고 앞서 언급했다. 공격성은 삶에 대한 자세로서 일깨우고 기운을 부여해준다. 행동의 동기를 부여해준다. 삶의 주어진 과제나 위기를 대함에 있어 망설이는 자세 혹은 방어적 자세에서 벗어나 공격적 자세를 취하게 하며 앞으로 전진하게 한다. 사무라이는 내재된 '기氣'라는 '생명 에너지'를 가지고 전투에 '뛰어들라고' 충고한다. 일본 무사의 전통에 따르면 인생의 전쟁에서 우리가 서야 할 곳은 단 한 군데, 최전선이며, 하나의 방향, 즉 앞으로만 전진해야 한다.

영화《패튼》의 유명한 시작 장면에서, 패튼 장군은 완전 무장을 하고 리볼버 권총을 뒷주머니에 꽂은 채 군대의 사기를 높이기 위한 연설을 한다. 패튼은 병사들에게 전쟁터에서 그들이 자기 위치를 지키는 것에는 관심이 없다고 경고한다. "나는 각자 위치를 고수하고 있다는 전달을 받고 싶지 않다. 우리는 중단 없이 진진해야 한다. 적을 제외하고는 그 무엇도 우리를 막을 수 없다. 우리는 적의 코를 잡고 엉덩이를 걷어차 줄 것이다. 우리는 항상

적에게 혼쭐을 내주고 거위 똥이 거위의 몸을 관통하는 것처럼 적진을 돌파할 것이다!" 상황에 따른 적절한 공격성을 가지면—즉 당면한 목표를 이루기 위해 전략적으로 유리할 때—이미 전투의 반을 이긴 셈이 된다.

전사 에너지에 접한 사람이 공격성을 가져야 할 적합한 상황인지 어떻게 알 수 있을까? 명확하고 분별 있는 사고를 해야만 한다. 올바른 전사는 항상 깨어있는 상태이며, 경계하는 중이다. 그는 절대 잠들지 않으며, 몸과 마음을 집중하는 방법을 안다. 사무라이가 말하는 마음과 몸의 '자각' 상태인 것이다. 미국 원주민 인디언의 전통에서는 그는 '사냥꾼'이다. 칼로스 카스타네다의 책《익스틀란으로 가는 길Journey to Ixtlan》에서, 야키 인디언의 전사이자 마법사인 돈 후안은 "전사는 자신이 원하는 것이 무엇인지, 그것을 어떻게 얻을지를 안다."라고 말한다. 그는 명료한 정신을 가진 전략가이자 전술가다. 그는 자신의 상황을 정확하게 평가하고 '실제 상황'에 자신을 맞춘다.

좋은 예가 게릴라 전투로, 예전부터 전해 내려왔지만 18세기 이후에 더 빈번하게 사용되고 있다. 미국 독립전쟁 당시 반란을 일으킨 식민지인들이 이 방식을 사용했고, 중국의 공산군과 베트남의 전략가 호치민도 게릴라전을 이용해 강한 적을 물리쳤다. 아프가니스탄 반군들이 게릴라전으로 소련군을 몰아낸 예도 있다. 전사는 기존의 방법으로 적을 물리칠 수 있는 것은 언제인지, 다른 방법을 사용해야 하는 것은 언제인지 판단할 수 있다. 자신의 힘과 기술을 정확하게 평가할 수 있기 때문이다. 정면 공격이 효과가 없다고 판단되면 적의 공격을 피한 후 적의 측면에서 약점을 찾아내 공격한다. 여기에 전사와 영웅의 차이가 있다. 영웅 에너지를 접하는 남성(혹은 소년)은 자신의 한계를 모르며, 자신의 약점에 대해 낭만적인 생각을 가진다. 반면에 전사는 어느 상황에서든 현실적인 명료한 사고로 자신의 능력과 한계를 판단한다.

성경에서 다윗왕은 막강한 사울왕의 군대에 저항하지만 처음에는 정면 대결을 피하며, 자신을 쫓느라 지치게 만든다. 다윗왕과 그의 몇 안 되는 병사들은 게릴라 전사로서 지형을 잘 알고 빠르게 움직일 수 있었다. 다윗은 자신의 상황을 냉철하게 파악한 후 사울의 왕국에서 도망쳐 블레셋의 왕에게로 갔다. 그곳에서 수천 명의 블레셋 군을 지원받아 사울을 견제할 수 있는 위치로 올라선 것이다. 그러고 나서 다윗은 다시 자신의 상황을 명확하게 판단한 후 사울의 왕국으로 진격해서 자신의 군대를 소집했으며, 사울이 함락되는 것을 기다렸다. 때로 "전진하라, 항상 전진하라."라는 말은 속임수 전술일 수 있다. 그것은 정확한 판단을 바탕으로 하는 전략의 유연성을 의미한다.

현대의 펜싱은 이런 종류의 유연성을 사용한다. 펜싱 선수는 신체를 단련할 뿐 아니라, 정신도 단련해야 한다. 번개와 같은 속도로 생각하는 방법을 배우고, 상대방의 자세와 공격에서 허점을 찾은 다음 상대의 공격을 피하며 공격해서 점수를 얻는다. 한 젊은 대학생이 펜싱을 배운 후 자신의 성적이 올랐다고 보고했다. 그는 매우 빠른 속도로 복잡한 강의의 주요 내용을 파악하고, 그것을 뒷받침하는 근거의 허점을 찾아내 이전보다 훨씬 예리한 시각과 자신감으로 교수와 동료 학생들로 하여금 합리적인 논쟁을 하게 하거나, 그렇지 않은 경우는 논쟁을 중단하도록 만들었다. 그는 자신이 무엇을 배우고 싶은지 알게 되었고, 어떻게 배워야 할지도 깨달았다.

전사들의 전통을 보면, 전사가 명료한 생각을 하게 만드는 것은 훈련과, 자신에게 닥쳐오는 죽음을 자각하며 사는 것이라는 것을 알 수 있다. 전사는 인생이 덧없음을 잘 알고 있다. 전사가 인도하는 남성 역시 자신에게 남은 날이 얼마 되지 않는다는 것을 잘 안다. 이런 자각은 그를 우울하게 하기보다는 생명력을 더 집중해서 쏟아붓도록 만들며 삶에 더욱 진지하게 임하도록 한다. 모든 행동이 그에게 큰 의미를 지니며, 마치 마지막인 것처럼 정성을 쏟게 만든다. 사무라이 검사는 자신이 이미 죽은 사람이라고 여기며 살도록 배운다. 카스타네다의 《익스틀란으로 가는 길 Journey to Ixtlan》의 주인공인 돈 후안은 만약 우리가 죽음을 우리의 '영원한 동반자'로 여기고 산다면, 절대로 무의미한 행동에 시간 낭비를 하지 않을 것이라고 가르쳤다.

'망설일 시간이 없다.' 죽음이 임박했다는 느낌은 전사 에너지에 접한 남성으로 하여금 결단을 내리게 한다. 즉, 자신의 인생을 적극적으로 살게 되며, 절대로 인생으로부터 뒷걸음치지 않는다. 생각을 너무 오래 하면 의심이 들고, 의심은 망설임으로, 망설임은 무행동으로 이어지기 때문에 생각을 오래 하지 않는다. 무행동은 전쟁에 지는 것을 의미한다. 전사인 남성은 '자의식'을 피하며, '행동하는 것'이 제2의 천성으로 무의식적 반사작용이 된다. 그러나 이것은 엄청난 수련의 결과로 얻은 것이다. 해병대는 이렇게 만들어졌다. 훌륭한 해병은 즉각적으로 결정을 내리고 행동에 옮긴다.

어떤 상황에서든 공격력, 명철한 사고력, 죽음을 자각하며 결정적 행동을 취하게 해주는 것은 훈련이다. 전사의 에너지는 기술, 힘, 정확성, 자기 통제력, 심신의 통제력과 모두 관련이 있다. 전사 에너지는 남성으로 하여금 생각, 느낌, 말과 행동에서 '될 수 있는 모든 사람'이 될 수 있도록 훈련시킨다. 영웅과는 달리 전사는 결코 '극적인 행동' 혹은 '과잉 행동'을 하지 않으며, 자신의 능력을 확인하려고 행동하지 않는다. 전사는 자신이 꼭 써야 하는 에너지 이외에는 쓰지 않으며 말수도 적다. 《황야의 7인》에서 율 브리너가 연기한 인물은 자기 통제 훈련의 교감이 될 만하다. 그는 말수가 매우 적고, 맹수와도 같은 통제력을 가지고 있다. 자신의 적 이외의 사람은 공격하지 않으며 자신의 거래조건인 기술을 완벽하게 마스터했다. 기술에 관심을 보이는 것은 전사의 또 다른 특징으로, 완벽한 기술 습득은 전사로 하여금 목표에 다가가게 해주는 역할을 한다. 전사는 자신의 결정을 행동에 옮기기 위해 사용하는 무기를 다루는 기술을 발전시킨다.

전사는 무엇보다도 자신의 마음과 태도를 통제한다. 그의 마음과 태도가 올바르다면 몸도 따를 것이다. 전사 원형에 접한 남성은, 세일즈맨 교육에서 흔히 말하는 '긍정적인 정신'을 가지고 있다. 이것은 그가 굳건한 정신과 용기를 가지고, 두려움이 없으며 자신의 행동에 대한 책임을 지고, 절제력이 강하다는 뜻이다. 절제가 강하다는 것은 자신의 몸과 마음을 통제하기 위해 노력한다는 뜻이고, 정신적 육체적 고통을 견딜 능력을 가지고 있다는 뜻이다. 전사는 자신이 원하는 것을 얻기 위해 기꺼이 고통을 견딘다. 우리가 흔히 말하듯 "고통 없이는 아무것도 얻을 수 없다." 당신은 칼라

하리 사막의 이른 아침 추위 속에서 몇 시간이고 웅크리고 앉아 사냥감이 사정거리에 들어오기를 기다리는 사냥꾼이거나 혹은 철인 3종 경기 훈련생이거나, 의학도, 혹은 이사회의 부당한 공격을 겪는 간부일 수도 있고, 아내와의 불화를 풀어내려고 하는 남편일 수도 있다. 당신이 누구이든 간에 몸과 마음에 대한 절제력이 매우 중요하다.

전사 에너지는 또한 초월적 헌신이 무엇인지 보여준다. 전사의 충성은 대의에 대한 충성일 수도 있고, 민족, 업무, 국가에 대한 충성일 수도 있으며, 왕과 같은 중요한 사람을 향할 때도 있지만, 개인에 대한 것보다 훨씬 큰 것이다. 아서왕의 이야기에서 랜슬롯은 아서왕과 귀네비어에게 충성을 바치지만, 궁극적으로는 기사도의 이상에, 그리고 고귀한 임무, '정의를 위한 힘', 억압받는 자를 일으켜 세우는 행동 뒤의 신에게 헌신하는 것이다. 랜슬롯은 귀네비어에 대한 사랑 때문에 무의식적으로 자신의 헌신의 대상인 카멜롯을 몰락시키는 행동을 하지만 그것은 로맨틱한 사랑이라는 개인적 목적과 이상적인 목적이 상충하는 모순적 상황에 처했기 때문이다. 랜슬롯은 이미 이때 전사 에너지와의 접점을 잃었고 진정한 기사의 자격을 상실했다.

이 '개인을 뛰어넘는' 초월적 헌신은 전사 에너지의 다른 특징들을 보여준다. 첫째, 그것은 모든 개인적 관계를 상대적인 것으로 만든다. 즉, 초월적 헌신보다 덜 중요한 것으로 만드는 것이다. 전사 원형을 적절하게 접하는 남성의 심리는 가장 중요한 헌신을 중심으로 재구성된다. 이 헌신은 인간의 하찮은 면을 제거한다. 신, 민주주의, 공산주의, 자유, 혹은 다른 가치 있는 초월적 헌신의 고결한 이상과 영적 현실 속에서 살게 되면, 한 남성의 삶에서 하찮은 다툼이나 개인의 자아는 더 이상 중요하지 않은 것이 된다.

대영주의 가신이었던 사무라이에 관한 일화가 있다. 영주가 경쟁 가문의 사람에게 살해되자 사무라이는 주군의 복수를 맹세했다. 갖은 위험을 무릅쓰고 숱한 고난과 희생을 치르며 찾아 헤맨 끝에 그는 암살자를 찾아냈다. 꿈꿔왔던 복수를 위해 칼을 뽑은 바로 그 순간, 암살자가 그의 얼굴에 침을 뱉었다. 사무라이는 뒷걸음치며 물러서 칼을 칼집에 넣고 몸을 돌려 걸어가 버렸다. 왜 그랬을까?

암살자가 그의 얼굴에 침을 뱉은 순간, 그는 주체할 수 없으리만치 화가 났다. 그의 영주가 상징하는 '이상에 대한 헌신'을 위해서가 아니라 개인적인 분노 때문에 암살자를 죽일 수도 있었지만, 그러면 내면의 전사가 아닌, 개인적 자아와 느낌 때문에 죽인 것이 된다. 그래서 자신의 전사 에너지의 부름에 진실하기 위해서 그는 몸을 돌려 그 자리를 벗어났고 암살자의 목숨을 살려둔 것이다.

전사의 충성심과 의무감은 개인적 욕망을 초월한 것이고 자신의 이익을 위한 것이 아니다. 앞에서 이미 보았듯이 '영웅'의 충성심은 자기 자신을 위한 것이다. 즉 스스로 만족하기 위함이고 다른 사람들에게 깊은 인상을 심어주기 위해서다. 그러므로 이런 관계를 보더라도 전사와 접하는 사람은 금욕적인 사람이다. 그는 대부분의 사람들이 사는 방식과 완전히 다른 방식으로 산다. 자신의 개인적 욕구나 소망 혹은 육체적 욕망을 채

우기 위해서 사는 것이 아니라, 초월적 목표를 추구할 수 있도록 어떤 고통도 견뎌낼 수 있는 뛰어난 정신적, 초자연적 인간이 되는 것이 삶의 목표다. 우리는 기독교와 불교의 창시자들의 이야기를 안다. 예수는 황야에서 사탄이 보여주는 갖은 유혹을 이겨내야 했고, 부처는 보리수 아래에서 3가지 유혹을 견뎌야 했다. 이들은 영적 전사들인 것이다.

역사 속에는 영적 전사들이 많이 있다. 이슬람교는 전사 에너지를 바탕으로 세워진 종교다. 무함마드는 전사였고, 그의 추종자들은 오늘날에도 악의 세력에 대항하는 지하드[43]를 벌일 때 전사 에너지를 쓴다. 이슬람의 신은 '자비로운 신', '동정의 신'이라고 불리지만 전사이다.

가장 적대적이고 위험한 곳에 신의 메시지를 전달하기 위해 수 세기 동안 자기 자신의 욕구를 부정하는 것을 가르쳐 온 기독교의 예수회에서도 같은 전사 에너지를 볼 수 있다. 전사인 남성은 자신이 신봉하는 대의, 신, 문명, 심지어 죽음에 헌신한다.

개인의 차원을 넘어선 이상이나 목표를 위해 심지어 자신의 희생을 무릅쓰는 헌신은 한 남성을 전사의 또 다른 특징으로 이끈다. 그는 전사 에너지에 접해있을 때 냉정하다. 전사 에너지로 충만한 자가 잔인하다는 뜻이 아니라, 어떤 사람 혹은 사물에 대해 자신의 이상으로써 결정하며, 감정적으로 결정하고 행동하지 않는다는 뜻이다. 돈 후안이 말하듯 그는 '뜻대로

43 고투, 분투를 의미한다. 이슬람의 성전은 지하드에 포함되지만 지하드와 성전이 동의어인 것은 아니다. 라마단 시기의 금식도 영적인 지하드이다.

할 수 없으며', '접근할 수 없는' 사람이다. 여기에서 '접근할 수 없다'는 말은, 주변을 대할 때 감정적 개입이 없으며 접촉이 거의 없다는 뜻이다. 이러한 태도는 전사의 명료한 사고에 기인하기도 한다. 그는 자신의 임무와 결정과 행동을 감정을 개입시키지 않고 냉철하게 바라본다. 사무라이의 훈련에는 심리적 단련 과정이 있다. 두렵거나 절망할 때, 결코 "두렵다" 혹은 "절망적이다"라고 말하지 않도록 교육받는다. 대신 "누군가 두려워하고 있구나." 혹은 "누군가 절망하고 있구나. 그러면 그는 무엇을 해야 할까?"라고 말한다. 위협적인 상황에서 자기 자신을 분리하는 경험은 그 상황을 객관적으로 보게 하고, 더 명확하고 전략적으로 유리한 시각으로 보게 한다. 그럼으로써 자신의 개인적 감정을 배제하고 자기 자신으로부터 벗어나, 더 강하고 신속하게, 그리고 더 효율적으로 행동을 취할 수 있게 한다.

우리는 때때로 당면한 상황에서 한 발짝 물러나야 할 때가 있다. 그래야만 전체 상황에 대한 폭넓은 시야를 가지고 행동을 취할 수 있기 때문이다. 전사에게는 검을 휘두를 충분한 공간이 필요하다. 그는 밖으로는 적으로부터 분리되어야 하고, 안으로는 '부정적 감정'이라는 내부의 적으로부터 분리되어야 한다. 링 안의 권투선수들이 너무 가까워져서 몸이 뒤엉키면 심판이 떼어놓아야 하는 것과 마찬가지다.

전사는 많은 경우에 파괴자이기도 하다. 그러나 긍정적인 전사 에너지는 파괴되어야 하는 것만을 파괴시키고, 그럼으로써 새롭고 신선하며, 더 큰 생명력을 가진 고결한 것을 탄생시킨다. 이 세상에는 파괴되어야 할 것이 많다. 부패, 독재, 억압, 불의, 구시대적이고 전제적인 정부 체제,

회사의 발전에 걸림돌이 되는 수직 구조, 성취감을 주지 못하는 생활 방식과 고용 상황, 불행한 결혼 등이 그렇다. 전사 에너지는 바로 이 파괴하는 행위를 통해 인류의 새로운 문명과 이익과 예술, 영적인 모험과 새로운 관계를 창조한다.

전사 에너지가 다른 성숙한 남성 에너지와 연결되면 더 훌륭한 결과가 나타난다. 전사가 왕과 결합하면, 이 두 가지 에너지를 접하는 남성은 자신의 '왕국'을 의식적으로 돌보게 되며, 그의 결단력 있는 행동, 명료한 사고, 절제력과 용기는 창의적이며 창조적이다.

전사 에너지와 마법사 에너지를 동시에 접한 남성은 자기 자신과 자신의 '무기'에 대해 완벽하게 숙달하고 통제할 수 있다. 그래서 자신의 목표를 달성하기 위해 힘을 모으고 집중할 수 있다.

연인 에너지와 결합한 전사는 연민을 느끼며 주변 세상과의 결속감을 얻는다. 연인 에너지는 남성을 연약한 존재인 인류와 강한 유대감을 느끼게 해준다. 또한, 전사인 남성이 모든 감정을 배제한 것과 달리, 전사 원형과 연인 원형의 에너지를 동시에 접하는 남성은 자신의 임무를 수행하며 인류에게 연민을 느낀다. 극적인 예를 TV에서 볼 수 있다. 베트남에 주둔한 미군이 베트콩의 마을을 폭격한 후 아이들을 실어 나르고 부상당한 적에게 응급처치를 하는 모습이 그렇다. 영화《풀 메탈 재킷》에도 인상 깊은 장면이 있다. 여러 명의 미군이 한 베트콩 저격수를 추격하여 마침내 치명상을 입힌다. 동료를 여럿 살해한 저격병은 여자였다. 추격한 미군 중한 명이 방금 전까지도 적이었던 여자에게 동정을 느낀다. 그녀는 고통에 몸부림쳤고, 기도를 중얼거리며 죽음을 기다렸다. 그녀는 그에게 자신의 고통을 멈춰달라고 간청했다. 병사는 그녀를 고통 속에 몸부림치며 죽어가게 두어야 할지, 목숨을 끊어서 고통에서 구원해 줘야 할지 망설였다. 그는 마침내 그녀를 총으로 쐈지만, 분노 때문이 아니라 동정심에서였다.

전사 에너지는 연인과 결합하면 다른 인간적 영향력을 만든다. 마르쿠스 아우렐리우스는 철학자였다. 윈스턴 처칠은 화가였고 패튼 장군은 시인이었다. 그는 2천 년 전 로마인이 카르타고인을 물리쳤던 북아프리카의 전장에서 브래들리 장군에게 직접 찬사를 지어 읊었다. 패튼 장군은 시 속에서 자신이 직접 전쟁에 참여한 것처럼 썼다.

그러나 전사 원형이 다른 원형과 접목되지 않고 독자적으로 작동되면 긍정적 전사 원형(전사의 원형으로 충만한 사람)에 접하는 사람들조차도 재앙이 될 수 있다. 앞서 말했듯이 순수한 전사 원형은 감정을 완전히 배제한 사람이기 때문이다. 인간을 초월한 충성심은 사람의 인간적 관계의 중요성을 상대적으로 여기기 때문이다. 성관계에 대한 전사의 태도를 보면 이런 점이 뚜렷하다. 전사에게 있어서 여성이란 어떤 관계를 맺거나 친밀해지는 대상이 아니다.《풀 메탈 재킷》의 행진가를 들어본 적이 있을 것이다. "이것은 내 라이플이고 이것은 총일세. 이것은 싸우기 위한 것이고, 즐기기 위한 것이지." 이런 태도가 군부대 근처에 수많은 매춘부가 모이는 이유이며, 전투에 패한 곳의 여성들을 유린하는 끔찍한 관행이 생기는 이유다.

전사에게 가족이 있다고 해도 다른 임무에 더 헌신하기 때문에 흔히 결혼생활에 걸림돌이 된다. 전사에게서 거부당하고 외로움을 느끼는 아내는 영화의 단골 소재다. 영화《필사의 도전The right stuff》에서 아내 트루디와 멀어진 고도 쿠퍼가 그 좋은 예다.

같은 일들이 군부대 밖에서도 흔히 일어난다. 개인적 목표를 벗어난 초월적 헌신과 오랜 근무시간과 자기희생을 요구하는 직업을 가진 남성들의 인간관계나 가족 관계에서 흔히 볼 수 있다. 성직자, 의사, 변호사, 정치가, 헌신적인 판매원, 그 외의 많은 사람들이 감정적으로 삭막한 생활을 한다. 그들의 아내나 연인은 많은 경우 거리감을 느끼고, 거부당했다는 느낌을 가지며 그들의 '진정한 사랑'과 이길 가능성이 없는 경쟁을 한다. 게다가 이들은 대개 성적 관계에서도 전사의 특징을 보여 간호사나 동료, 접수계 직원, 비서, 혹은 안전한 거리 밖에서 (그다지 안전하지 않기도 하지만) 그들의 능력과 헌신을 흠모하는 다른 여성들과 관계를 가진다.

전사의 그림자 원형 : 새디스트(가학자)와 매저키스트(피학자)

전사 에너지는 인간적 관계와 거리를 둠으로써 진짜 문제를 발생시킨다. 전사의 그림자 원형의 양극에 사로잡혔을 때 특히 파괴적이다. 영화《위대한 산티니The Great Santini》에서 로버트 듀발은 자신의 가족을 마치 작은 해군 부대처럼 여기는 해군 전투기 조종사역을 맡았다. 가족들은 그와 좋은 관계를 맺고 싶어 하지만, 아내와 아이들에게 대한 그의 지적과 행동은 비판적이고 명령조이며 상대의 자존심을 깔아뭉개서 가족들과의 거리를 더 벌리기만 할 뿐이다. 이런 방식의 '관계 맺기'의 파괴성은 결국 모두에게 나타나는데, 특히 큰아들에게 파장이 컸다. 산티니가 때때로 보이는 폭력성은 부드럽고 친밀한 관계를 맺지 못하는 그의 무능력에 기인한 것이라는 사실을 더 이상 숨길 수 없게 된 것이다. 전사의 그림자 원형인 새디스트의 영향을 받는 산티니는 계속해서 자신의 감정적 '칼날'을 꺼내 모두에게 휘두른다. 해병이 아니며 여성다운 대접이 필요한 그의 딸들, 이끌어주고 성장시켜줘야 할 큰아들, 그리고 아내에게까지도. 마침내 모든 것이 폭발했을 때 주방에서는 끔찍한 상황이 벌어진다. 산티니가 아내를 폭행하자, 아이들이 산티니에게 덤빈 것이다. 감정적 거리를 두는 것 자체가 나쁜 것은 아니지만, 그것은 잔인성이라는 '악한 감정'의 문을 여는 역할을 한다. 이런 관계 맺기에서는 전사 원형의 남성은 너무 약해서 자신의 마음과 느낌을 절제할 필요가 있다. 다시 말하지만 억압하는 것이 아니라 절제해야 한다. 그렇지 않으면 자신도 모르는 사이에 잔인성에 사로잡히게 될 것이다.

잔인성이란 두 종류가 있다. 하나는 열정 없는 잔인성이고, 또 하나는 열정이 있는 잔인성이다. 열정이 없는 잔인성은 나치가 SS 친위대[44]를 훈련시킬 때 사용되었다. 친위대 후보자들은 온갖 정성을 쏟으며 강아지를 키워야 했다. 아프면 돌봐주고 먹이를 먹이고, 털을 빗겨주고 같이 놀아주었다. 그리고 나서 갑자기 훈련자에게 강아지를 죽이라는 명령이 떨어진

---

44 Schutzstaffel. SS 친위대. 나치 독일에 존재했던 준군사 조직 -위키백과

다. 더군다나 아무런 감정을 드러내지 않고 죽여야 했다. 감정을 배제하는 이런 훈련 방식은 성공적이었다. 그들은 살인 기계가 되었고, 포로수용소에 배치되어 아무런 감정 없이 수백만 명의 사람들을 고문하고 살해하면서 자기 자신을 '좋은 사람'이라고 여겼으니 말이다.

아무 감정 없는 살인 기계가 된 현대 전사의 모습은 《스타워즈》 시리즈의 '다스 베이더'에서 볼 수 있다. 많은 청소년들이 자신을 다스 베이더와 동일시하는 모습은 걱정스러운 일이다. 이들 중 얼마나 많은 청소년들이 생존주의자 혹은 신나치주의자가 될지 심히 우려가 된다.

때때로, 새디스트의 잔인성이 열정 때문인 경우도 있다. 신화에 복수하는 신들의 이야기나 '신의 분노'에 대한 이야기가 있다. 인도의 시바 신은 우주를 파괴하는 춤을 춘다. 성서에서는 야훼가 전 세계의 문명을 불로 태워 없애라고 명령한다. 구약성경의 앞부분에는 분노하여 복수심으로 가득한 신이 대홍수를 일으켜 지구를 진흙 덩어리로 만들고 거의 모든 생명을 죽인다.

복수심에 찬 전사 에너지는 우리가 매우 겁에 질렸을 때, 혹은 심하게 분노했을 때 나타난다. 피의 굶주림은 실제 전투와 같은 스트레스 상황뿐 아니라 삶 속의 다른 스트레스 상황에서도 나타난다. 영화 《지옥의 묵시록Apocalypse Now》을 보면, 미국 함선의 승무원들이 삼판 보트[45]에서 공포에

---

45 '세 개의 판'을 뜻한다. 말레이시아, 인도네시아, 방글라데시, 베트남 등 동남아에서 많이 볼 수 있는 평평한 바닥의 중국식 나무배 -위키백과

〈패튼〉, 미 육군 통신대(U.S. Army Signal Corps), 1943년
2차 세계대전 중의 패튼 장군. 북아프리카에서 독일군을 상대할 당시의 사진이다. 진취성, 오만에 가까운 자신감, 적을 향한(또 아군을 향한) 무자비함이 얼굴에 잘 드러난다. 패튼은 용맹하고 민첩한 장군이었으나, 절제력의 부족으로 인해 늘 문제를 일으켰다.

사로잡혀 보트에 있는 사람들을 모두 죽이는 장면이 나온다. 그들의 두려움이 가라앉은 후에서야 그들은 자신들이 '전쟁광적인 난동'으로 방금 죽인 사람들이 시장에 가던 죄 없는 민간인이었음을 깨닫는다. 비슷한 장면이 《플래툰》에도 등장한다. 미국 병사들이 베트남의 한 마을에 총격을 가한다. 칼리 중위가 공포와 분노에 사로잡혀 모든 남자, 여자, 아이들까지 학살한 미라이 사건[46] 이후로 이런 종류의 잔인한 공격성이 미군들을 내내 괴롭혔다. 가학적 성향의 새디스트 전사들은 이런 학살과 잔인성을 즐긴다는 사실은 영화 《패튼》에서도 뚜렷하게 나타난다. 패튼 장군은 미군과 독일군의 전차부대 사이의 전투가 끝난 후 연기가 자욱한 들판과 불탄 시

46 베트남 남부의 작은 마을. 1968년에 미군이 이곳의 비무장 주민을 대량 학살했다.

체들을 보며 만족한 한숨을 내쉰다. "세상에. 난 이 광경이 너무 좋아!"

파괴와 잔인성에 대한 열정과 함께 '나약한 자'와 무기력한 자(실상은 새디스트의 내면에 숨은 매저키스트)에 대한 증오도 이 원형의 특징이다. 이것은 패튼 장군이 병사의 따귀를 때린 장면에서 이미 언급했다. 비슷한 종류의 새디즘이 부트 캠프[47]에서도 발생한다. 겉으로는 신병에게서 개인성을 없애고 개인을 초월한 헌신을 심어주기 위해 꼭 필요한 '의례적 모욕 행위'다. 그러나 훈련 장교들은 대개 자신의 책임하에 있는 병사들에게 모욕감을 주고 인권을 침해하고자 하는 새디스트 전사로서 행동하는 것이다. 그렇지 않다면 제1차 세계대전 당시 터키군이 아랍의 한 마을을 점령한 후 총검으로 임신한 여인들의 배를 가르고 태아를 끄집어내 자신들의 목에 걸고 다닌 끔찍한 행태를 어떻게 설명할 수 있을 것인가.

처음에는 그렇게 보이지 않지만 새디스트 전사의 잔인성은 영웅 에너지의 잘못된 점과 직접적으로 관련되어 있다. 전사의 그림자 원형과 영웅의 그림자 원형은 비슷한 점이 있다. 그림자 전사 유형은 성인기까지도 청소년기의 불안정함, 폭력적인 감정 등을 가지고 있고, 압도적인 여성의 힘에 대항하려 할 때 느끼는 그림자 영웅의 절망감을 가지고 있다. 이 절망감이 영웅의 피학적 그림자 원형을 자극하는 것이다. 전사의 양극 그림

47 나약한 훈련생을 제외시키기 위해 가혹한 프로그램으로 운영하는 훈련 캠프

자 원형의 영향을 받는 남성은 자신의 정당한 남근의 힘에 대해 확신을 가지지 못하기 때문에, 여성의 힘 혹은 모든 '부드러운 것'과 부드러운 관계의 힘이 과도하다고 느끼며 저항하는 것이다. 성인이 된 이후에도 그는 부드러운 것의 힘이 자신을 삼켜 버릴까 봐 두려워한다. 그의 절박한 공포가 잔인성을 부르는 것이다.

우리는 이 파괴적인 전사가 우리 삶에서 활동하는 것을 쉽게 찾을 수 있다. 상사가 부하 직원을 나무라고, 괴롭히고, 부당하게 해고하고 여러 가지 방식으로 핍박하는 것을 흔히 본다. 가정 내에도 새디스트들이 있다. 가정폭력에 희생되는 아내와 아이들의 통계수치가 그것을 보여준다.

우리 모두가 새디스트 전사의 영향을 받아 괴롭힘을 당하는 때가 있지만 이 에너지를 아주 많이 드러내는 사람들이 있다. '강박적 인격 장애'를 가진 사람들이다. 강박 장애를 가진 사람들은 일 중독자로 끝도 없이 일한다. 그들은 고통을 참을 수 있는 능력이 엄청나고 많은 양의 일을 해낼 수 있다. 하지만 그들의 엔진을 쉴 틈 없이 돌리는 원동력은 깊은 불안감과 영웅의 절망감이다. 그들은 자신의 존재가치를 하찮게 여기며 자신이 진정으로 원하는 것이 무엇인지, 놓치고 있는 것이 무엇인지, 뭘 가지고 싶은 건지 모른다. 그들은 일생을 모든 것과 모든 사람들, 즉 그들의 직업, 평생의 임무, 자기 자신, 그리고 다른 사람들을 공격하며 산다. 그 과정에서 그들은 새디스트 전사 원형에게 산 채로 먹혀 '탈진' 상태가 되어 버리는 것이다.

우리 모두 이런 사람들을 알고 있다. 그들은 다른 사람들이 모두 퇴근

한 후에도 오랫동안 사무실에 남아있는 사람들이다. 마침내 집으로 돌아간다 해도 숙면을 취하지 못한다. 그들은 성직자, 사회복지사, 심리치료사, 의사, 변호사들이며, 밤낮으로 일해서 다른 사람의 몸과 마음에 뚫린 구멍을 메꾸려는 사람들이다. 다른 사람들을 '구하기 위해' 자기 자신의 삶을 희생하는 것이다. 그 과정에서 그들은 자기 자신은 물론, 그들의 불가능한 기준을 충족하지 못하는 다른 사람들에게 해를 끼친다. 물론 그들 자신도 스스로의 높은 기준을 충족하지 못한다. 당신이 스스로를 돌보지 못하고, 심신의 행복에 신경 쓰지 못한다고 인정한다면 아마도 그림자 전사가 이미 당신을 사로잡은 것이다.

앞에서 언급했듯이, 어떤 직업의 남성들은 특히 일그러진 전사 원형에 사로잡힐 가능성이 더 높다. 군대가 뚜렷한 예이고, 군대만큼은 아니지만, 또한 가능성이 높은 직업이 혁명가나 활동가들이다. 오랜 금언 중 "우리는 우리가 혐오하는 것이 된다."라는 말이 있다. 정치적, 사회적, 경제적 혁명, 회사나 자원봉사 단체의 작은 혁명의 지도자들은, 그들이 독재자와 억압자를 (흔히 폭력과 테러로) 밀어내고 난 후에는 그들 자신이 새로운 독재자와 억압자가 된다. 1960년대에는 평화운동의 지도자들이, 그들이 맞서 싸우던 세력 못지않게 폭력적이고 독재적이라는 말이 있었다.

이미 언급된 직업들 외에도 판매원이나 교사들 역시 강박적이고 자발적인 일 중독자가 되기 쉬우며 종국에는 꺾이고 만다. 한 자동차 딜러는 매달 자신의 대리점뿐만 아니라 전 지역에서 '이달의 최고 사원'이었으나 몇 년이 지나 심리분석에 들어갔다. 매달 엄청난 자기 절제와 결의로 그는 최고의 자리에 올라갔다. 그러나 어느 날, 그의 내면에서 뭔가가 무너졌다. 이전부터 점차 지쳐가고 있다는 것과 피로감이 커지는 것은 느끼고 있었다. 그래서 그는 자주 '탈진'에 대해 이야기했다. 어느 날 아침 그가 일어났을 때 온몸이 떨리고 일하러 가는 것에 엄청난 공포를 느꼈다. 곧 그는 잠을 이루지 못하게 되었고, 시도 때도 없이 울고 싶은 느낌이 들었다. 그럼에도 불구하고 그는 몇 달 더 억지로 일했다. 그러나 마침내 그날이 왔다. 일터의 모든 것, 전시장 바닥, 부지, 동료 판매원, 고객들 모두가 이상하게 낯설었다. 그는 의사에게 전화하고 입원했다. 새디스트 전사가 그를 사로잡아 산 채로 삼켜버린 것이다. 이 일이 일어나고 얼마 후, 그의 아내는 남편이 자신에게 관심이 없다며 떠나 버렸다. 그는 심리치료를 시작했다. 치료 과정 중에 그는 자신의 강박 장애의 파괴적 힘에 대해 알게 되었고, 그것이 다른 사람들과의 관계를 망친 것을 깨달았다. 그는 새로운 인생을 살기로 결심했다.

어떤 사람이 항상 최선을 다해 일하도록 압박하는 직업은 우리를 전사의 그림자 원형에 노출되도록 압박한다. 우리 내면이 충분히 안정적이지 않으면, 우리는 자신감을 얻기 위해 바깥세상의 성취에 집착하게 된다. 자신감을 얻고자 하는 욕구가 너무 강렬하면 우리의 행동은 차츰 강박으로 치닫게 된다. '성공'에 집착하게 된 사람은 이미 실패자다. 그는 내면의 피학적 성향을 억누르려고 하지만 이미 피학자이며 스스로를 벌주는 행위를 한다.

피학 성향을 가진 사람은 전사의 양극 그림자 원형 중 수동적 형태로, 가학자의 분노에 찬 행동의 대상이 되는 '다루기 쉬운 상대'이며, '매 맞는 강아지'다. 남자들은 겉으로 드러나는 강한 남자를 두려워하지는 않으면서 내면의 겁쟁이를 두려워한다. 피학자는 전사 에너지를 다른 사람에게 투영하여 그로 하여금 무기력하게 느끼도록 만든다. 피학자 원형에 사로잡힌 남성은 자신을 심리적으로 방어하지 못한다. 그는 다른 사람들로 하여금 (그리고 자기 자신에게도) 자신을 좌지우지하게 만들며, 자신이 참을 수 있으며 자존심을 지킬 수 있는 한계를 넘게 만든다. 여기에는 심신의 건강의 한계도 포함된다. 우리 모두, 인생의 여정이 어떻든 간에 어떤 분야에서든 전사의 양극 그림자 원형의 영향을 받을 수 있다. 우리는 실패한 관계나 친구들의 무리, 혹은 실망스러운 직업을 언제 떠나야 할지 모를 수 있다. 하지만 우리는 모두 "박수칠 때 떠나라"라거나 "손실을 줄이는 법을 배워라"라는 말을 한다. 강박 인격은 위험신호가 무엇이든, 얼마나 불가능한 꿈이든, 혹은 얼마나 강력한 적이든 덤벼들고 열심히 노력한다. 순무에서 피를 얻으려고 하고 마침내는 자신의 금이 재로 변하는 것을 본다. 피학자 원형의 영향을 받고 있다면 우리는 너무 오랫동안 너무 많은 학대를 받게 될 것이며, 가학적 폭발로 말과 신체적 폭력을 휘두르게 될 것이다. 이렇게 능동적 수동적 양극 그림자를 오가는 것이 이 기능 장애의 특징이다.

전사 에너지 접하기

우리가 전사의 능동적 그림자 원형의 영향을 받는다면, 아마도 가학적인 모습이 되어 자신과 다른 사람들을 괴롭힐 것이다. 하지만 전사 에너지와 접하지 못하고 있다고 느낀다면 수동적 극의 영향을 받게 될 것이고, 소심한 피학자가 될 것이다. 꿈을 꾸되 꿈을 실현하기 위한 행동을 하지 못할 것이고, 활기가 부족하고 늘 우울할 것이며, 가치 있는 목표를 실현하기 위해 겪어야 할 고통을 견뎌낼 능력도 없을 것이다. 아직 학생이라면 숙제를 제때 끝마치지 못하고, 새 구역을 할당받은 판매원이라면 앉아서 지도와 잠재 고객의 명단을 멍하니 들여다볼 뿐 통화할 시도를 하지 못할 것이다. 전투에 '뛰어들기'는커녕, 임무를 시작하기도 전에 패배하는 것이다. 정치가라면 현안에 대처할 능력이 없어 피하며, 직접 충돌에서 빠져나갈 궁리만 할 것이다. 일터에서 낮은 임금을 받고 있는데, 직장에 충분한 자금이 있고 월급 인상이 되어 마땅한 역할을 했더라도, 사장의 문까지 두려움에 떨며 걸어가서 결단을 내리지 못하고 우물쭈물하다가 돌아설 것이다. 이 책에 기술된 모든 원형이 그렇듯이 우리는 자신이 그림자 원형 하나나 둘 모두의 영향을 받고 있는지 생각해볼 것이 아니라 내면에 있는 남성 에너지의 잠재력을 적절하게 접할 수 있는 방법이 무엇인지를 생각해봐야 한다.

전사 에너지를 적절하게 접한다면, 활기가 넘치고 결단력 있으며 용기 있고, 고통을 감내할 수 있고 끈기 있고 우리 자신의 개인적 목표보다 더 큰 목표를 위해 헌신하고자 하는 사람이 될 것이다. 우리는 동시에 왕,

마법사, 연인과 같은 다른 남성 에너지와도 접목하여 전사 에너지를 변화시켜야 한다. 전사 에너지를 올바르게 접한다면 감정에서 독립함과 동시에 따뜻하고, 동정적이고, 감사하며 생성력이 있는 사람이 될 것이다. 우리 자신과 그 못지않게 다른 사람에게도 헌신하게 될 것이며, 세상을 더 나은 곳, 그리고 모든 사람과 모든 사물을 충족시키는 곳으로 만들기 위한 명분 있는 싸움을 할 것이다. 우리가 전쟁을 하는 이유는 새롭고 정당하고 자유로운 것을 만들기 위한 것이 될 것이다.

7.
마법사, 지혜와 통찰의 원형

영화《필사의 도전The Right Stuff》에 멋들어진 장면이 나온다. 고도 쿠퍼가 호주 오지의 한 추적기지에 도착한다. 그는 거기에서 존 글렌의 첫 궤도 비행을 관찰할 예정이었다. 그가 기지 앞에 자신의 랜드로버를 세우고 내렸을 때 그곳에서 야영을 하고 있는 원주민 한 무리를 만났다. 한 젊은 원주민이 다가왔다. 고도는 그에게 물었다. "당신들은 누구시오?" 원주민은 대답했다. "우리는 이곳 원주민입니다. 당신은 누구시죠?" 고도가 말했다. "나는 우주비행사요. 저 위의 달과 별을 넘어 날아가죠." 젊은 원주민이 대답했다. "당신도요? 저쪽에 있는 저 남자가 보이시나요?" 그는 우산 그늘에 앉아있는 주름 가득한 얼굴의 남자를 가리켰다. 그는 다른 사람들이 보지 못하는 어떤 것을 보고 있는 것처럼 눈을 가늘게 뜨고 먼 곳을 보고 있었다. 젊은 원주민은 다시금 말했다. "저 사람도 알아요. 저 사람도 하늘을 날죠. 저 사람도 알아요."

그날 밤 늦게, 글렌이 그들의 머리 위 하늘을 지나갔다. 우주선의 열차폐막에 이상이 생겨 불꽃이 튀고 있었다. 땅에서는 원주민들이 악기를 두드리며 모닥불을 피우고, 불꽃을 하늘로 날려 보냈다. 영화상의 편집기술로 그들의 모닥불 불꽃은 글렌의 우주선에서 튄 불꽃과 만난다. 원주민 마법사가 공감주술[48]로 숨겨진 에너지를 통하게 만들어 글렌에게 힘을 주고 계속해서 앞으로 나아갈 수 있도록 도운 것이다.

우리는 흔히 우리의 지식과 놀라운 기술 때문에 조상과 매우 다르다고 착각한다. 그러나 우리의 지식과 기술의 근원은 늙은 원주민 마법사와 같은 이들의 정신에서 나온 것이다. 원주민 마법사 혹은 부족사회나 고대사회의 비슷한 역할의 사람들은 마법사의 에너지를 가진 사람들이다. 그리고 그들이 현대의 문명을 이끌고 있다. 샤먼, 주술사, 마법사, 마법의 의사, 발명가, 과학자, 의사, 변호사, 기술자 같은 사람들은 그들이 사는 시대가 언제인지와 상관없이 마법사의 에너지를 접하는 사람들이다. 아서 왕의 이야기 속 멀린은 우리의 기술, 심리학, 사회학이 꿈꾸는 — 날씨가 조절되며, 질서 정연하고 동등한 사회, 사랑의 축복이 넘치고 사람들 간에는 상호성의 원칙이 통하며, 궁극의 목표(이 경우 성배)를 공통으로 추구하는 사회 — 캐멀롯을 지었다. 《스타워즈》의 오비완 케노비는 '포스'에 대한 자신의 비밀 지식과 첨단기술을 접목해서 은하계를 혁신하려고 했다.

우리가 마법사 원형의 에너지를 만날 때는 언제 어디에서든 두 가지 모습이다. 마법사는 지혜로운 사람이며 첨단 기술을 잘 아는 사람이다. 마

48 sympathetic magic. 어떤 것이 다른 어떤 것과 유사하다면 서로 주술적으로 연결되어 있다는 믿음에 기초한 의식적 행위.

법사의 힘이 이끄는 사람은 입문의식을 주재함으로써 마법사의 기능을 충족시킬 수 있다. 그는 '의식 원로자'로서 심신을 성인으로 변화시켜줄 수 있는 변화 과정을 이끄는 사람이다.

인간 마법사는 그 자신이 항상 입문자이며, 다른 사람들을 입문시키는 것도 그의 임무 가운데 하나다. 그렇다면 마법사는 무엇의 입문자인가? 마법사는 모든 종류의 비밀과 숨겨진 지식의 입문자이다. 이것이 중요한 부분이다. 어떤 지식은 얻기 위해 특별한 훈련이 필요하며, 그것은 마법사 에너지의 영역이다. 당신이 전기기술자가 되기 위해서는 훈련을 받아야 하며 고압의 '수수께끼'를 풀어야 한다. 의대생은 밤낮으로 고된 훈련을 받으며 인체의 비밀을 공부하고 가진 기술을 활용하여 환자를 돕는다. 주식 중개인이나 재무 전문가, 정신과 치료 훈련생들도 주술사나 부족사회의 의사이자 마법사와 같은 훈련 과정을 거친다. 비밀의 힘의 영역으로 들어서기 위해 많은 시간과 에너지와 돈을 들이는 것이다. 이 힘의 마스터가 되기 위해 자신의 능력을 테스트하는 고된 과정을 거쳐야 한다. 모든 입문 과정이 그렇듯이 성공하리라는 보장도 없다.

마법사는 역사 속에서 남성 심리로 받아들여진 보편적 원형이다. 오늘날 현대의 남성들은 일터에서 그리고 개인 삶에서 마법사 에너지를 접할 수 있다.

역사적 배경

인류학자들은 고대에는 왕, 전사, 마법사, 연인의 남성 에너지가 불가분의 관계이며, 한 사람(족장)이 모든 원형을 가지고 있다고 여겨졌다고 말한다. 네 가지 원형이 한 남성에게 있고, 균형을 잡고 있기 때문에 족장이 부족 내에서는 유일하게 완전한 남자였다. 그럼에도 불구하고, 오늘날 여전히 존재하는 호주 원주민 부족 사회에서는 이 남성 원형들이 꽤 다른 모습이다. 우선, 왕 혹은 족장이 있다. 그리고 그의 전사들이 있다. 또한 마법사(신성한 사람 혹은 마법의 의사, 주술사)가 있다. 그 사람의 명칭이 무엇이든 그의 특징은 다른 사람들은 모르는 뭔가를 안다는 것이다. 예를 들어, 그는 별의 이동, 달 모양의 변화, 태양이 남북으로 치우쳐서 움직이는 것 등의 비밀을 안다. 또한 곡식의 씨를 언제 뿌리고 언제 수확하는지, 사냥감은 내년 봄의 언제쯤에 오는지 알며 날씨를 예측할 수 있으며 독초와 약초에 대해 안다. 인간 심리를 알기 때문에 다른 사람을 선한 목적으로 혹은 나쁜 목적으로 조종할 수도 있다. 마법사는 또한 축복을 내릴 수도, 저주를 걸 수도 있다. 보이지 않는 영혼의 세계 — 신성한 세계 — 와 인간의 세계, 그리고 자연의 세계의 관계를 이해한다. 그래서 사람들은 의문이 있을 때나 풀리지 않는 어려움이 있을 때, 고통이 있을 때, 몸과 마음의 질병이 있을 때면 마법사를 찾아간다. 그는 사람들의 고백을 들어주는 사제이며, 다른 사람들에게는 잘 보이지 않는 문제를 꿰뚫어 통찰하는 사람이다. 단순히 앞날을 내다보는 것이 아니라, 깊이 들여다볼 수 있는 예언자이다.

물론 이런 비밀의 지식은 마법사에게 큰 힘을 준다. 자연과 인간과 사회와 신들 간의 에너지의 흐름과 형태 — 깊고 무의식적인 힘 — 를 이해하기 때문에 그는 힘을 유지하고 방향을 바꿀 수 있게 하는 사람이다.

티그리스강과 유프라테스강의 마법사들과 이집트 나일강의 마법사들은 우리에게 전해 내려온 문명을 만든 사람들이다. 그들은 문자를 발명했고 수학, 공학, 천문학과 법을 만들었다. 파라오들은 성경 속에서 마법사라고 불리는 자들을 왕궁에 데리고 있었으며, 자신들이 하는 모든 일에 마법사의 조언을 구했다. 신화 속의 이집트 마법사 이모텝(기원전 2800년)은 의학과 공학 외에도 여러 과학 분야에서 많은 중요한 발견을 한 것으로 여겨진다. 그는 파라오 죠세르[49]의 첫 피라미드를 설계하고 건축했으며, 이 피라미드는 "파라오 죠세르의 계단식 피라미드"라고 불린다. 그는 당시의 아인슈타인이며 조너스 소크[50]였다.

마법사는 자연과 인간에 대한 깊이 있는 지식으로써 특히 왕이나 고위 관료들의 자만심의 거품을 빼줄 수 있는 능력이 있다. 남성의 내면에 있는 마법사 원형은 그의 '헛소리 감지기' 역할을 하며 거짓말을 꿰뚫어

49 고대 이집트 제3왕조의 파라오. '신의 몸'이라는 뜻의 네체리케트라고도 불렸다. 그의 무덤은 계단식 피라미드인 마스타바(Mastaba)이며 이 방식은 이집트 고왕국(Old Kingdom) 시대의 표준 무덤 양식이 되었다. 이전의 무덤에도 돌이 부분적으로 쓰이기는 했지만 온전하게 돌로만 지은 것은 이것이 처음이다. - 두산백과

50 Jonas Edward Salk. 미국의 예방의학자이자 바이러스 학자. 처음 소아마비 백신을 개발했으며 경제적 이득을 취하지 않은 것으로 유명하다. TV 인터뷰에서 누가 이 백신의 특허를 가지는지 질문을 받았을 때, 그는 "특허는 없다. 태양에도 특허를 낼 것인가?"라고 답했다고 한다. -위키백과

보고 진실을 파악한다. 마법사는 사악함이 선함으로 가장해도(흔히 일어나는 일이다) 그것을 알아차리며 그 이유를 밝혀낸다. 오래전, 한 왕이 세금 내기를 거부한 한 마을로 인해 분노에 사로잡혀 벌을 주고 싶어했을 때, 마법사는 침착하고 이성적인 사고로 혹은 날카로운 논리로 왕을 진정시킴으로써 왕의 양심과 지각을 일깨웠다. 왕궁의 마법사는 사실상 왕의 심리치료사였다.

다윗왕의 마법사였던 예언자 나단은 위와 같은 심리치료 역할을 수차례 했다. 특히 힘겨웠던 경우는 밧세바였을 것이다. 다윗이 밧세바를 취하고 부하를 시켜 그녀의 남편 우리야를 죽였을 때, 나단은 왕좌에 앉은 다윗에게 조용히 다가가 그 앞에 서서 이야기를 들려주었다. "옛날에 부자와 가난한 자, 두 남자가 있었습니다. 부자는 양을 많이 가지고 있었고 가난한 자는 단 한 마리의 아기 양을 가지고 있었습니다. 어느 날 한 여행자가 부자를 방문했고, 부자는 그를 성대하게 대접할 의무를 느꼈습니다. 부자는 자신의 양을 한 마리 도살하는 대신, 가난한 자에게 가서 그가 가지고 있던 유일한 양을 빼앗아 죽이고 그것으로 여행자를 위한 식사를 준비했습니다." 다윗왕은 크게 분노하며 그런 짓을 하는 자는 죽어 마땅하다고 선언했다. 나단이 말했다. "당신이 그 부자입니다." 다윗은 그 말을 듣고 자신의 행위를 뉘우쳤고, 그 후로는 한결 겸손해졌다.

아서왕의 마법사인 멀린도 비슷한 역할을 했다. 멀린은 아서왕으로 하여금 사물을 꿰뚫어 보며 생각할 수 있도록 도왔고 그 과정에서 여러 차례 아서왕의 자만을 무너뜨리곤 했다. 뮤지컬 《캐멀롯》과 그 바탕이 된

〈멀린과 비비안〉, 귀스타브 도레(Gustave Doré), 1868년
멀린은 아서왕 전설에 등장하는 뛰어난 마법사이다. 왕과 기사들에게 믿음직한 조언을 해주는 멀린은 오랫동안 서양의 마법사 원형으로 가장 높은 인기를 누려 왔다.

T.H. 화이트의 소설《과거와 미래의 왕The Once and Future King》에서 멀린은 아서왕이 왕 에너지를 적절하게 접할 수 있도록 방법을 제시했다. 결과적으로 아서왕은 더 나은 왕이 되었으며 점점 더 성숙한 남성이 되었다.

고대의 말기에 고대 그리스의 신비적인 종교에서 분리된 그노시스주의(영지주의)[51]는 초기 기독교의 영향을 많이 받았다. 그노시스는 그리스어로서 깊은 수준의 심리학적 혹은 영적 '지식'을 뜻한다. 그노시스파는 인간 심리와 우주의 숨겨진 역학관계를 아는 자들이며 최초의 심층 심리학자들이다. 그들은 추종자들에게 어떻게 무의식적인 숨겨진 동기와 원동력을 발견할 수 있는지, 인간의 잘못된 믿음의 암울함을 어떻게 헤치고 나올 수 있는지, 그리고 어떻게 내면의 중심과 일체가 될 수 있는지 가르쳤다. 영지주의는 자기 인식과 통찰력에 집중함으로써 초기 기독교도들에게는 그다지 지지를 받지 못했고, 가톨릭계의 탄압을 받아 차츰 규모가 축소되었다. 어떤 종류든 지식을 습득하는 것은 어렵고 고통스럽지만, 정신의 숨겨진 작용을 연구하는 것은 특히 어렵고 고통스러웠으므로 대부분의 사람들은 배우고 싶어 하지 않았다.

그러나 초기 기독교도의 마법사 계층의 박해에도 불구하고 마법사는 사라지지 않았다. 정신의 원초적 에너지는 사라질 수가 없다. 비밀의 지

---

51 Gnosticism. 초기 기독교 시대에 있어서의 신비주의적 이단 기독교. 1~2세기의 기독교에서 발전된 것이며, 그노시스(지식)로부터 유래된 단어로 많은 분파로 나뉘어 있고, 각 분파는 신에 대한 특별한 지식을 가질 것을 주장했으며 지식을 통해 구원의 첫 단계가 시작된다고 했다.

식의 전통은 중세시대의 유럽에서 '연금술'이라는 형태로 다시 나타났다. 대부분의 사람들은 연금술이 흔한 재료에서 금을 만들어내는 것이라고 생각한다. 이런 면의 연금술은 실패할 수밖에 없다. 그러나 우리가 모르는 사실은 연금술 또한 연금술사로 하여금 통찰력과 자의식과 개인의 변화를, 즉 더 성숙한 사람이 되는 통과의례를 성취하도록 도와주는 정신적 기술이라는 것이다.

크게 보면 연금술이 현대 과학, 특히 화학과 물리학의 밑바탕이 되었다. 우리의 현대 과학이 고대의 마법사들의 것과 마찬가지로 두 가지 양상으로 나뉘어 있다는 사실은 흥미롭다. 한 가지는 '순수 과학'으로 마법사 에너지의 '지식적인' 측면이다. 또 한 가지는 '응용 과학'으로 마법사 에너지의 '기술적인' 측면이며, 힘을 어떻게 유지하며 표출하는지에 관한 응용 지식이다.

우리의 시대는 첨단 기술의 시대이므로 곧 마법사의 시대이기도 하다. 적어도 자연을 알고 부리는 힘이라는 물질적 관점에서는 그렇다. 그러나 비물질적, 심리학적, 혹은 정신적 입문 과정에서는 마법사 에너지가 부족한 것처럼 보인다. 성숙한 남성으로 변모할 수 있는 입문 과정을 지도해 줄 원로가 없다는 사실은 앞에서 이미 언급했다. 마법사 에너지를 대표하는 기술학교나 노동조합, 전문직 협회, 그리고 그 외 많은 기관들이 물질세계에서 번영하고 있으며 '장인'이 되고 싶은 사람들을 위한 입문 과정을 제공하고 있다. 반면 개인적 성장이나 변모 면에서는 마법사 에너지가 그다지 성공을 거두지 못하고 있다. 앞서 말했듯이 우리의 시대는 개인 정체성

〈헤르메스 트리스메기스투스〉, 다니엘 스톨시우스(Daniel Stolz von Stolzenberg), 1624년
'세 번 위대한 헤르메스'라는 뜻의 '헤르메스 트리스메기스투스'는 그리스 신화의 헤르메스가 중동의 신비주의, 특히 토트 신앙과 결합하여 변모한 존재이다. 그 이름답게 헤르메스주의는 3이라는 숫자를 중시하였으며, 이《연금술의 정원》의 삽화에도 천상의 세 존재 — 해, 달, 별 — 이 헤르메스 트리스메기스투스와 함께 등장한다. 헤르메스주의는 영지주의의 영향을 받았지만 진정한 앎에 이르는 방법이 좀 더 '물질적'으로, 연금술, 점성술, 마법(주술)이라는 3가지 수단을 중시하였다.

과 성 정체성 혼돈의 시대다. 그리고 혼돈이란 인생의 몇몇 중요한 분야에서 마법사 에너지를 적절하게 접하지 못한 데서 비롯되는 것이다.

아원자 물리학Subatomic physics과 심층 심리학Depth psychology이라는 두 분야의 과학이 고대 마법사의 임무를 대신하며 마법사 에너지의 물질적, 정신적 측면을 조화시킨다. 두 학문은 각각 고대의 선조들이 깊이 탐색하던 숨겨진 마법사 에너지의 원천을 이해하고 조금이라도 활용할 수 있도록 탐구한다.

현대 아원자 물리학은 힌두교나 도교의 직관적인 통찰력과 비슷한 점이 많아서 동양의 신비주의와 유사하다고 여겨진다. 아원자 물리학은 겉보기에는 매우 견고해 보이는 감각적 인식의 거대세계macroworld 아래 숨겨진 미소세계microworld를 찾아낸다. 이제까지 감춰져 있던 아원자의 세계는 우리가 일상적으로 경험하는 거대세계와는 매우 다르다. 사물의 표면 아래 감춰진 미소세계에서는 현실이 비현실적인 것이 된다. 입자와 파동은 거대세계의 것과 너무나 달라서 미소세계에서는 같은 것이 된다. 한 개의 '입자'가 쪼개지지 않은 채로 동시에 두 군데서 나타날 수 있다. 물질은 '견고함'을 잃고 짧은 순간 동안 한 곳에 집중된 에너지처럼 보인다. 에너지 자체는 더 깊이 숨겨진 공간의 빈틈의 격자 모양 조직에서 나오는 것 같다. 이 공간은 더 이상 '무'로 봐서는 안 될 것이다. 마치 바다의 파도처럼 이곳의 에너지에서 입자들이 솟아올랐다가 차츰 약해지고 다시 처음처럼 '무'로 돌아간다. 이쯤에서 시간에 대한 의문이 생긴다. 시간은 무엇이고, 어느 방향으로 가고 있는가? 시간이 거꾸로 가기도 하는가? 어떤 종류의 아원자 입자는 시간을 거슬러 여행하다가 다시 방향을 바꿔서 우리의 시대로 들어오는 걸까? 우주의 기원은 무엇인가, 그리고 최후의 운명은 무엇인가? 이런 새 발견과 질문이 대두됨에 따라 이전의 질문들이 다시금 떠오른다. 존재와 부존재의 본질은 무엇인가? 수학이 측정한 것 이외의 다른 차원이 또 있는 걸까? 고대 종교에서 말하는 다른 '차원' 혹은 다른 '세계'와 같은 것일까? 물리학자들은 숨겨진 비밀 지식의 영역으로 발을 들여놓았다. 그리고 고대 마법사의 세계와 매우 비슷한 사고의 세계로 들어가고 있다.

심층 심리학도 마찬가지다. 칼 융은 처음 무의식 세계의 지도를 만들 때, 인간 심리의 에너지의 흐름과 원형 패턴이 막스 플랑크의 양자물리학과 매우 비슷하다는 것에 놀랐다. 융은 자신이 대부분의 현대인들이 무시한 거대한 세계를, 우리가 살아가는 물질세계를 이루는 에너지 파장처럼 살아있는 이미지와 기호가 오르내리는 세계를 우연히 발견했다는 것을 깨달았다. 각 원형은 '집단 무의식'의 기저에 숨겨진 채 우리들의 생각이나 느낌, 행동, 반응의 패턴을 만들고, 우리의 개성을 구성하는 것으로 보인다. 융에게는 이런 집단 무의식이 눈에 보이지 않지만 분명 실재하는 아원자 물리학의 에너지 파장과 매우 비슷하게 보였으며, 영지주의가 주장하는 신비로운 '플레로마[52]'와도 비슷해 보였다.

---

52 '채우다' 혹은 '완전하게 하다'를 뜻하는 고대 그리스어 플레로오에서 유래한 말로 충만, 완전, 충만한 상태, 완전한 상태를 뜻한다. 기독교 신학에서 플레로마는 신의 은총으로 충만한 상태, 즉 구원받

현대 물리학과 심층 심리학의 결론은 모두 사물이 보이는 그대로가 아니라는 점이다. 우리가 (우리 자신이나 주변의 자연에 대해) 현실이라고 인식하며 경험하는 것들은 깊이를 알 수 없는 심연에서 솟아오른 빙산의 아주 작은 한 부분일 뿐이다. 이 숨겨진 영역에 대한 지식은 마법사의 영역이며, 우리는 마법사 에너지를 통해서 서구 역사의 지난 천 년간 꿈도 꾸지 못한 심오한 깊이로 우리의 삶을 이해할 수 있을 것이다.

융의 연구업적들을 보면 스스로를 마법사라고 여겼던 흔적이 남아있다. 언젠가 신을 믿느냐는 질문을 받았을 때, 그는 영지주의 학자들처럼 말했다. "나는 신을 믿는 게 아니라 신을 알고 있습니다." 융의 초기의 제자들은 융이 그들에게 비밀을 알려 주었으며, 그 비밀은 심리적으로 최고, 혹은 가장 심오한 경지에 이른 사람들을 제외하고는 밝힐 수 없는 비밀이었다고 했다.

이것은 허튼소리가 아니다. 모든 정신 분석가들은 주어진 시간 동안 분석대상자의 숨겨진 에너지를 얼마나 많이 분출시켜야 하는지에 대해 주의해야 한다는 사실을 안다. 무의식의 에너지의 힘은 너무나 강해서 대상자가 그것을 제어하거나 적절한 경로로 표출하도록 할 수 없다면, 혹은 적절한 시간에 적절하게 접하고 적절한 양을 접하지 않는다면 자아를 산

은 상태를 의미한다. 영지주의에서는 플레로마를 빛의 세계(Realm of Light 혹은 World of Light)이라고 부른다. 물질계의 한계를 초월한 영역에 대한 경험 또는 초월 영역을 경험하고 있는 상태를 의미한다.

산조각 내버릴 수도 있다. 적절한 '변압기'과 적당한 양의 '절연재'가 없다면 그것은 심리분석 대상자의 회로를 과부하시키고 마침내는 그를 파괴할 것이다. 그것이 자아와 분리되어 숨은 데는 분명히 이유가 있기 때문에 비밀 정보를 드러낼 때는 조심스러워야 한다.

현대 사회에서 마법사 원형의 심리적, 영적 지식과 에너지 표출이 되살아나고 있는 또 다른 분야가 있다. 소위 '마술'이라고 불리는 분야다. 사회의 모든 계층에는 의식을 주관하는 마법사들이 — 은행가, 컴퓨터 전문가, 주부, 화학공학자 등 — 많이 있다. 그들은 다른 사람들처럼 '낮'에 일하고, 밤에는 그들의 '진짜' 일로 돌아간다. 그곳에서 그들은 '더 높은 차원'에 입문하기 위해 일한다. 그들은 어떻게 사물을 더 깊이 볼 수 있는지, 그리고 그들의 의사와 상관없이 주어진 힘을 어떻게 사용해야 하는지를 가르쳐주는 '개체'를 접한다. 이 사람들은 고대의 마법사들처럼 비밀의 지혜와 힘과 (종종 '마법의 원반'이나 주문 혹은 사라지게 하는 마법 등을 사용하는) 억제 기술, 그리고 (종종 '마법의 지팡이'를 사용해서) 마법의 힘을 발현시키는 것을 익히려고 한다.

모든 의식 과정과 모든 종류의 에너지를 깊이 이해하고 통제하는 데 있어서 '성스러운' 장소 문제가 다시 떠오른다. 성스러운 장소는 원초적인 힘을 품을 수 있는 장소이자 '전압을 낮춰주는 변압기'로 그곳에 보관된 에너지를 감싸 충격을 완화해주고 적절한 방식으로 배출하게 한다. 원자력 발전소의 원자로의 방어막과도 같은 역할이며 교회의 성소聖所와도 같다. 그것은 성스러운 힘을 깨우고, 사람들이 원초적인 강도의 힘에 직접적으로 접하지 않도록 방어하기 위한 찬송가이자 기도문이며, 주문이자 축복의 말이기도 하다.

성경에는 에너지의 보존과 성스러운 장소에 대한 흥미로운 얘기가 있다. 다윗왕과 군대는 야훼의 힘의 이동식 '발전소' 격의 '계약의 궤[53]'를 블레셋 사람들로부터 탈환하고 그것을 예루살렘으로 운반하고 있었는데 이것을 실어 나르던 황소가 갑자기 넘어졌다. 계약의 궤가 황소의 등에서 떨어지려는 찰나 옆에서 걷고 있던 병사가 본능적으로 손을 뻗어 석판을 바로잡았다. 그리고 병사는 곧바로 죽어버렸다. 사제나 마법사 등 신의 힘의 '원자로 노심[54]'을 다루는 방법을 훈련받은 사제나 마법사들만이 그것을 만질 수 있기 때문이다. 그들은 절연재의 비밀을 알며, 야훼의 힘을 땅 위에서는 어떻게 보존하고, 어떻게 방출시키는지에 대해서 안다. 불행한 병사는 선의로 한 행동이었지만 그 방법을 전혀 모르기 때문에 죽게 된 것이다.

영화 《레이더스》에서 우리는 이 궤의 힘을 다루는 현대적 방식을 볼 수 있다. 인디아나 존스는 궤를 찾아, 이 고대의 '기술'을 사용하기 위해 나치와 경쟁을 벌였지만 나치가 먼저 궤를 찾았다. 나치의 사령관이 고대

---

53 Ark of Covenant. 구약성서에 나오는 장막 또는 솔로몬 성전의 지성소에 안치되어 있던 거룩한 상자. 십계를 새긴 2장의 석판, 즉 하느님과 이스라엘 백성 간의 계약판을 넣어놓은 상자 -두산백과

54 Reactor Core. 연료봉, 조절기, 제어봉을 포함하는 원자로의 핵심부로 연료의 원자핵이 분열되고 에너지를 방출하는 곳 -국방과학기술용어사전

제사장의 옷을 입고 궤의 힘을 깨우기 위한 주문을 외우며 '스위치'를 켠다. 하지만 그는 마법사가 아니다. 궤의 힘을 깨운다고 해도 그 힘을 어떻게 보존하는지는 모른다. 스위치를 끄는 방법은 모르는 것이다. 야훼의 힘을 깨웠지만 그것을 잘 알고 제어하는 기술자인 마법사가 없었기 때문에 그 힘은 그 자리에 있던 나치 군대를 모두 죽이고 말았다.

비슷한 예가 월트 디즈니의 《판타지아Fantasia》에서도 나온다. 마법사의 견습생인 미키 마우스에게 스승의 작업실을 청소하라는 임무가 내렸다. 하지만 평소의 방식대로 힘들여 청소하는 대신 마법을 사용하려고 마음먹고 미키 마우스는 양동이와 걸레에 주문을 걸었고, 처음에는 순조롭게 진행되는 것처럼 보였다. 그러나 그가 불러일으킨 마법은 곧 통제가 불가능하게 되어버렸다. 미키 마우스는 견습생에 불과해서 불러들인 힘을 어떻게 억제해야 하는지 몰랐기 때문이다. 양동이와 걸레는 계속해서 불어났고, 불쌍한 미키 마우스가 이 폭발적인 힘을 멈추게 하는 주문을 찾지 못하자 상황은 걷잡을 수 없게 되었다. 양동이와 걸레는 끝도 없이 작업실에 물을 들이부었고 미키 마우스는 물속에서 허우적거리며 익사할 지경이 되었다. 마법사가 돌아온 후에야 마침내 상황이 진정된다.

우리는 아원자 물리학을 통해 우리의 보존 지식과 기술이 매우 부족했다는 점을 늦게나마 알게 되었다. 구소련의 체르노빌 사태는 가장 극적이고 불행한 예다.

같은 일이 심리치료에서도 일어났다. 심리치료자의 길로 제대로 입문하지 못해서 몇몇 중요한 부분에서 숙련되지 못한 '견습' 치료자들은 분석대상자의 힘을 발현시킬 때가 많지만, 그들 중 누구도 그 힘을 제어할 수 없다. 이 '제어'의 문제는 그룹 치료 상황, 특히 60년대와 70년대의 '인카운터 그룹[55]' 치료에서 끊임없이 대두되는 문제였다. 그룹 치료 참가자나 그룹의 리더 중 분출되는 힘에 대해서 실제로 이해하는 사람이 아무도 없는 경우가 많았다. 그룹의 리더는 이 과정을 진행해나갈 수 있는 심리학적 지식도 없었을 뿐 아니라 기술적으로도 미숙했다. 결과적으로 그룹 치료는 부정적인 결과를 가져와서, 먼저 개인이, 뒤이어서 전체 그룹이 붕괴되는 현상이 일어났다.

때로는 록 콘서트에서도 같은 일이 일어났다. 음악가들은 청중들에게 공격적이고 변덕스러운 감정을 불러일으켰다. 마법사를 적절하게 충분히 접하지 못한 사람들은 에너지를 제어하고 분출하는 방법을 알지 못했다. 그래서 그들은 폭력적으로 변했고 콘서트홀을 난장판으로 만들었으며, 때로는 거리로 뛰어나가 소란을 피웠다.

충만한 마법사

이 모든 것들은 개인적 행복과 사랑하는 사람들의 행복, 회사, 대의, 민족, 국가, 세계의 이익을 추구하는 우리들에게 무엇을 의미하는 것일까? 성숙한 남성의 마법사 에너지는 우리의 일상생활 속에서 어떤 기능

55 Encounter Group. 인간관계의 개선을 위한 집단 감수성 훈련 그룹. 보통 10~15명의 참가자와 1~2명의 촉진자facilitator로 구성된다. -두산백과

을 하는 것일까?

마법사 에너지는 알아챔과 통찰력의 원형이기도 하지만, 불분명하고 일상적이지 않은 것을 이해하는 원형이며, 심리학에서 '관찰 자아 Observing Ego[56]'를 지배하는 원형이기도 하다.

심층 심리학에서는 자아가 중요도 면에서 무의식에 이어 두 번째라고 여겨지지만 실상은 우리의 생존을 위해 자아는 무척 중요하다. 자아는 다른 에너지 형태 — 원형 혹은 '콤플렉스(독재자 유형처럼 원형의 불완전한 일부)' — 에 의해 지배당하거나, 동일시되거나 부풀려지면 제대로 기능하지 못하기 때문이다. 자아의 긍정적인 역할은 한발 물러나서 관찰하고, 미지의 수평선을 살펴보고, 외부에서 들어오는 정보와 내부의 정보를 검토해서 지혜 — 안과 밖의 힘과 힘을 분출하는 기술에 대한 지식 — 를 사용하여 중요한 결정을 내리는 것이다.

관찰 자아가 '자아Ego-자기Self[57] 축'을 따라 남성의 자기Self와 결합하면 자기Self의 비밀의 지혜의 세계로 다가가는 것이다. 관찰 자아는 어떤 의

---

56 Observing Ego. 우리의 자아를 경험 자아(Experiencing Ego)와 관찰 자아로 나누었을 때, 관찰 자아는 자기를 객관적으로 관찰하고 인식하여 궁극적으로는 변화할 수 있게 한다. - 허핑턴포스트 참조

57 자아(Ego)와 자기(Self) : 칼 융의 심리학에서 Self란 한 사람의 의식과 무의식으로 구성된 전체다. Ego는 의식의 중심에 있고, Self는 전체 인격의 중심에 있으며 의식, 무의식, Ego를 모두 포함한 것이다. 융의 주장에 따르면, 사람들은 태어날 때부터 완성된 전체 Self를 가지고 있지만 인생의 초반에 Ego를 분리시키게 된다. 그러나 차츰 Self에 대한 의식을 발달시키며 다시금 Ego와 Self가 안정적으로 결합하면 의식과 무의식의 세계가 병합하고 인격이 완성되는 것이라고 했다.

자아-자기 축

자아와 자기의 관계는 자아-자기 축을 중심으로 가까워지기도 하고 멀어지기도 한다. 행성이 태양과 적절한 거리를 두고 공전해야 그 안의 생명이 번성하는 것처럼, 자아도 자기와 적절한 거리를 유지해야 건강하다. 거리가 너무 멀면 원형의 영향을 받지 못하는 수동적인 인간이, 너무 가까우면 원형과 자신을 동일시하는 불안정한 인간이 된다.

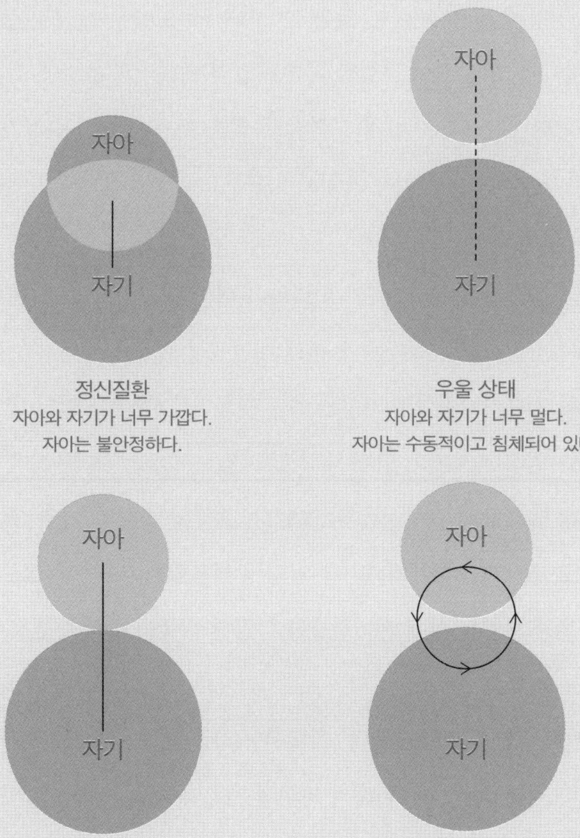

정신질환
자아와 자기가 너무 가깝다.
자아는 불안정하다.

우울 상태
자아와 자기가 너무 멀다.
자아는 수동적이고 침체되어 있다.

건강한 상태
자아와 자기가 적절한 거리를 유지하는 중이다.

개성화
자아와 자기가 역동적으로 관계를 맺는
자아실현의 단계. 가장 이상적이다.

미에서는 남성 자기의 하위 개념이다. 그러나 또 다른 의미에서는 자기의 힘의 주도자이자 배출 통로이기도 하다. 그러므로 전체 인격에서 중요한 역할을 하는 것이다.

관찰 자아는 일상의 활동과 느낌, 경험의 보편적인 흐름으로부터 분리된 것이다. 즉, 관찰 자아는 삶을 살아가는 것이 아니다. 그것은 인생을 관찰하며, 필요한 순간에 적절한 버튼을 눌러 에너지의 흐름에 접하게 하기 위한 것이다. 그것은 마치 수력발전 댐의 계기판과 컴퓨터 스크린을 관찰하다가 압력이 적절하게 축적되면 수문으로 물을 방출할지 결정하는 운영자와도 같다.

마법사 원형은 관찰 자아와 협력하여 다른 원형의 거대한 힘이 우리에게 미치는 충격을 완화해준다. 우리 내면에서 전체 심리의 기능을 조절하는 수학자와 기계공학자 역할을 하는 것이다. 그것은 심리의 내적 동력이 가지는 엄청난 크기의 힘에 대해 알고 있으며, 그 힘을 우리에게 최대로 유리하게 사용하는 방식을 알고 있다. 그것은 내면의 '태양'의 가공할 힘을 알고 있으며, 태양 에너지를 어떻게 이용할지 아는 것이다. 마법사 원형은 우리 개인의 삶에 유익하도록 다양한 원형의 에너지 흐름을 조절한다.

다양한 직업과 계층의 인간 마법사들(마술사들도 포함해서)이 자신들뿐 아니라 다른 사람들을 위해서 의식적으로 자신들의 지식과 기술을 사용하고 있다. 의사, 변호사, 사제, CEO, 배관공, 전기기술자, 과학 연구자, 심리학자, 그 외 많은 사람들이 마법사 원형을 적절하게 접했을 때 원초적 힘을 다른 사람들에게 도움이 되도록 바꾸고 있다. 마법사 의사나 샤먼(주술사)도 그들의 부적, 약초, 주문 등을 사용하며 그래 왔다. 치명적 질병의 치료법을 찾아 연구하는 의학 연구자들도 마찬가지다.

마법사 에너지는 전사 원형에서는 '명료한 사고'의 형태로 발현한다. 이 점에 대해서는 이미 앞장에서 어느 정도 언급한 바 있다. 마법사 원형 하나만으로는 행동으로 발현되지 않는 능력이며, 행동은 전사 원형의 특징으로서 나타난 것이다. 그러나 마법사 원형은 사고하는 능력을 가지고 있다. 우리가 일상생활에서 불가능한 결정으로 보이는 것과 마주칠 때 — 예를 들어 복잡한 정치적 상황을 고려해서 누구를 승진시킬 것인가, 아들이 학교생활을 하는 데 있어 어떻게 동기부여를 할 것인가, 고객의 요구사항을 수용하면서 도시법에 저촉되지 않게 하려면 어떻게 집을 설계해야 하는가, 심리분석 대상자가 위기를 맞고 있을 때 그의 꿈의 해석에 대해 얼마나 알려줘야 하는가, 빠듯한 재정 상황에서 어떻게 예산을 짜야 하는가 등 — 우리가 주의를 기울여 통찰력 있는 결정을 내릴 때마다 우리는 마법사 원형을 접하고 있는 것이다.

그러므로 마법사 원형은 사려 깊음과 심사숙고의 원형이다. 그렇기 때문에 내향성 에너지이기도 하다. 여기서 내향성이란 수줍음이나 부끄러움을 뜻하는 것이 아니라 내면과 외부의 폭풍으로부터 자신을 분리시키고 내면의 깊은 진실과 사고의 원천에 접목하는 것을 의미한다. 즉, 이런 의미의 내향적인 사람들은 다른 사람들에 비해 더 확고한 내면의 중심을 가지고 살아간다. 마법사 에너지는 자아-자기 축의 형성에 있어서 매우 안정적이고 중심이 잘 잡혀있으며 감정적으로는 분리되어 있으므로, 쉽게 밀려나거나 당겨지지 않는다.

마법사 원형은 위기 상황에서 흔히 발현된다. 한 중년 남자가 최근의 차 사고에서 일어났던 일을 얘기했다. 어느 겨울날 그는 내리막길을 달리고 있었다. 앞에 가던 차가 언덕을 다 내려간 지점에서 신호등이 바뀌며 멈춰 섰다. 평소대로 정지하려던 중에 그의 차가 얼음 위에서 미끄러졌다. 브레이크는 작동되지 않았고 그의 차는 빠른 속도로 내리막길을 달렸다. 앞차의 뒤 범퍼에 충돌하며 그는 공포를 느꼈다. 그러나 그 순간 놀라운 일이 벌어졌다. 그의 인식체계가 바뀐 것이다. 갑자기 모든 것이 느리게 움직이는 것처럼 보였으며 침착함과 안정감을 느꼈다. 그래서 어떤 행동을 취해야 할지 생각할 '여유'가 생겼다. 마치 일종의 컴퓨터가 자신의 사고를 대신해 주거나, 내면의 다른 지적인 존재가 그를 대신하는 것 같았다. 내면의 '목소리'가 그에게 브레이크 페달에서 발을 떼고 몇 번 누른 다음 온 힘을 다해 오른쪽으로 핸들을 꺾으라고 말했다. 그래서 그는 자신의 차를 측면으로 틀어 충격을 최소화하고 다친 데 없이 길가의 눈이 쌓인 부드러운 곳에 차를 세울 수 있었다. 이 모든 것들을 성공적으로 해낸 것이다.

우리가 추측하는 것은 그가 그 순간 마법사 에너지에 접했다는 것이다. 마법사 원형은 여러 가지 가능성의 결과에 대해 알고 있으며 힘의 속성(힘의 억제와 배출)에 대해 이해하며 기술적으로 능숙하므로, 어려운 상황에서 그를 도와 최선의 결과를 이끌어낼 수 있었다.

내면의 지혜와 기술적 능숙함에 기반한 냉철하고 주의 깊은 사고는 우리 인생의 모든 분야에서 큰 도움이 될 것이다. 그러므로 우리는 마법사 원형에 적절하게 접할 필요가 있다.

어려운 상황에서 사람들은 우리가 평소에 경험하는 시간과 장소와는 너무나 다른 '성스러운' 시간과 장소에 끌려드는 경험을 많이 한다. 앞에서 언급한 운전자는 공포와 두려움과는 동떨어진 내적인 시간과 공간에 있는 자신(그가 설명한 느린 움직임 현상)을 발견했다. 이 '성스러운' 장소는 마법사 원형에 이끌리는 남자들이 잘 아는 곳이다. 이들은 마법의 원을 그리고 주문을 외우는 마법사처럼 이 '공간'에 자신을 의도적으로 데려다 놓는다. 그들은 특정 음악을 듣거나, 자신이 좋아하는 활동을 하거나 숲으로 오랜 산책을 하거나 특정 주제에 대해 사색을 하는 등 다양한 방식을 통해 이 공간으로 들어간다. 이곳에서 그들은 마법사 원형을 접하며, 문제를 해결하기 위해서는 무엇을 해야 하는지 어떻게 해야 하는지 본다.

마법사가 역사에 등장했던 방식, 그리고 오늘날의 사람들 속에 등장하는 방식은 한때 완전했던 이미지의 일부에 불과하다. 태초의 마법사는 인류학자들이 주술사shaman라고 부른 사람들에게서 완전한 모습을 보였다. 전통 사회의 주술사는 치유자로서 생명을 되살리고 잃어버린 영혼을 되찾았으며 불행의 숨겨진 원인을 밝혀냈다. 그는 개인과 공동체를 원래의 모습으로 되돌리는 사람이었다. 오늘날의 마법사 에너지도 궁극적 목적은 같다. 마법사와 인간이지만 가장 마법사의 에너지로 충만한 주술사는 지식과 기술을 이용하여 모든 사물을 완성된 형태로 만드는 것을 목표로 한다.

마법사의 그림자 원형 : '조작자'와 부정하는 '순진한' 자

마법사 원형은 다른 모든 성숙한 남성 에너지와 마찬가지로 긍정적이지만 그림자 원형을 가지고 있다. 현대가 마법사의 시대라면, 또한 마법사의 양극 그림자 원형의 시대이기도 하다는 뜻이다. 우후죽순으로 퍼지는 유해한 쓰레기에 의한 중독과 지구 환경의 오염 문제를 생각해보면 이해할 수 있을 것이다. 마법사의 견습생 때문에 '걸레와 양동이'가 걷잡을 수 없이 늘어난 것처럼 오존층에 구멍이 뚫리고, 바다는 우리의 쓰레기를 다시 토해내고 있으며 야생생물은 줄어들고 있다. (많은 종이 완전히 멸종했다.) 브라질 우림은 붕괴하고 있으며 지구의 생명은커녕 브라질의 생태계를 유지할 만큼의 산소도 만들어내지 못할 위기에 처했다. 2차 세계대전의 가장 암울한 시기로 우리를 넘긴 것도 마법사의 그림자 원형이었다. 포로수용소의 기술도 그렇고 우리의 목전에서 죽음을 위협하는 핵무기들도 그렇다. 자연을 이해하고 제어할 수 있는 우위에 서려는 마법사의 정당한 기능이 통제를 벗어나 예측 불가능한 결과를 낳았으며 인간들도 이미 그 파국을 느끼기 시작했다. 정부의 선동과 통제된 언론, 검열된 뉴스, 그리고 조작된 정치 집회 뒤에 마법사의 그림자 원형인 조작자의 얼굴이 있다.

마법사의 그림자 원형의 능동적 형태는 특별한 의미로 '권력의 그림자'이다. 이 원형의 영향을 받는 사람은 마법사들이 하듯 다른 사람들을 이끄는 것이 아니라, 그들이 볼 수 없는 방식으로 그들을 조종한다. 그의 관심은 다른 사람들을 그들이 직접 삶을 완성하고 꾸려 나갈 수 있는 진전된 단계로 입문시켜 그들이 더 낫고 행복하며 충만한 삶을 살게 하는 데에 있지 않다. 조작자 원형은 사람들에게 그들 자신의 행복을 위해 필요한 정보를 알리지 않음으로써 그들을 조종한다. 그는 자신이 제공하는 아주 적은 정보 — 대개의 경우 자신의 우월성과 지식을 자랑하는 데 그치는 정보 — 에 대해 비싼 대가를 요구한다. 마법사의 그림자 원형은 감정적으로도 무관심할 뿐 아니라 잔인하다.

유감스럽게도 이것의 좋은 예를 대학원에서 찾아볼 수 있다. 똑똑하고, 재능 있으며 성실한 많은 대학원생들이 그들의 지도교수에게서 발견한 마법사의 그림자 원형에 대해 얘기했다. 마법사 원형을 제대로 접해서 소수만이 닿을 수 있는 고급 학문의 영역으로 학생들을 이끌어주는 안내자가 되는 대신, 그들은 습관적으로 학생들을 공격하고 그들의 열의를 꺾어놓으려 했다. 불행하게도 여러 단계의 교육 기관, 유치원에서 고등학교, 의과대학이나 직업학교에 이르기까지 이런 시나리오가 너무 자주 반복되었다.

현대 의학 분야에 관련된 많은 남자들 역시 이 그림자 원형을 자주 보여준다. 의학 분야에서 돈을 제일 잘 버는 사람들은 전문의들이며, 세밀한 분야의 지식에 입문한 사람들이다. 분명히 환자의 안녕에 진심으로 관심을 가진 의학 전문가들이 있다. 하지만 많은 이들이 환자들에게 무엇이 잘못되었는지에 대한 중요한 사항들을 말해 주지 않는다. 특히 종양학 전문의들은 환자나 환자의 가족들이 고통스러운 치료나 혹은 죽음의 가능성에 대해 대비할 수 있게 해주는 중요 정보들을 감추는 경우가 많다. 게다가 치솟는 의료비용 — 특히 처음 보는 의료 장비와 절차 — 은 조작자 유형에 사로잡힌 자들이 권력(비밀의 지식이 소유자에게 부여하는 권력)뿐 아니라 물질적 풍요로움에도 탐욕을 가졌음을 증명한다. 그들은 비밀 지식을 사용하여 먼저 자기 자신의 탐욕을 채운 후에서야 비로소 다른 사람들의 이익을 생각한다.

복잡한 법과 암호 같은 법률절차와 법률문서들은 — 이것이 이렇게 복잡해야 할 이유는 모르겠지만 — 사람들에게 명백하게 선언한다. "법조계에서 일하는 우리들은 숨겨진 지식을 접할 수 있다. 이 지식은 당신을 만들 수도 있고 파멸시킬 수도 있으며, 우리의 마법은 당신에게 도움이 될 수도 있고 그렇지 않을 수도 있지만 얼토당토않은 금액을 청구할 것이다."

심리치료 시에도 비슷한 일이 벌어진다. 심리치료사는 환자가 나아지기 위해서 필요로 하는 정보를 대개 알려 주지 않은 채 미묘하게, 혹은 공공연하게 환자에게 표현한다. "나는 지혜와 비밀 정보를 가지고 있다. 당신이 나아지는데 필요한 지혜와 정보를 내가 갖고 있다. 능력껏 나한테서 그걸 얻도록 해 봐. 나가는 길에 비서에게 수표는 놓고 가고."

자신을 부풀리기 위해서 이런 식으로 정보를 감추고 비밀을 유지하는 것은 영화《매디슨 가Madison Avenue》에서도 볼 수 있다. 거짓말까지 동원한 광고로 대중 심리를 자극해서 탐욕을 채우고 그들이 일하는 회사에서 높은 지위를 차지하기 위해 광고 조작을 서슴없이 하는 광고업자들의 행위는 그들이 진정한 연대감과는 완전히 동떨어져 있음을 보여주고, 파괴적이고 자신들의 이익만 위한다는 점에서 전체주의 정부의 선동 정치와 다를 바가 없음을 보여준다. 이들은 능숙하게 이미지와 상징을 사용하여 인간들의 상처에 호소하고, 구슬을 흔들어대고 사악한 마법사와 부두교 Voodoo 마법사 의사의 검은 깃털을 펄럭인다.

조작자의 영향을 받는 사람은 인간 세계의 가치를 비웃고 조작의 기술로 다른 사람에게 상처를 줄 뿐 아니라 자신에게도 상처를 입힌다. 생각을 너무 많이 하고 뒷짐을 지고 자기 인생에서 물러나 있으며 자기 인생을 살지 못한다. 자신의 결정에 대한 찬성과 반대의 갈등과 사색의 구불구불한 미로에서 길을 잃어 빠져나가지를 못한다. 실제 인생을 사는 것을 두려워하고, '전쟁에 뛰어드는 것'을 두려워한다. 단지 바위에 앉아서 생각하는 것만을 할 수 있다. 수년이 흘러도 마찬가지이며, 시간이 어디로 다 흘러갔는지 궁금해할 것이다. 그리고는 아무것도 하지 않은 채 허비한 인생을 후회할 것이다. 그는 훔쳐보기만 하는 구경꾼이고, 소파에서 공상으로만 모험을 한다. 학문의 세계에서는 사소한 것을 따지는 사람이며, 잘못된 결정을 내릴까 두려워서 아무 결정도 내리지 못한다. 살아가는 것을 두려워하므로 다른 사람들이 인생에서 경험하는 즐거움과 기쁨에 동참하지 못한다. 그가 다른 사람에게 정보를 숨기고 자신이 아는 것을 공유하지 않기 때문에 그는 결국 소외감과 외로움을 느끼게 된다. 다른 사람들과의 관계에서 어떤 분야든, 어떤 방식으로든 자신의 지식과 기술을 공유하지 않음으로써 다른 사람에게 해를 끼치는 만큼 자기 자신의 영혼에도 해를 끼친다.

몇 년 전, 마법사의 그림자 원형에 지배당하는 한 남자에 대한 이야기가《환상특급》[58] 시리즈에서 나왔다. 이 남자는 책 읽는 것을 좋아했고 자기 자신이 다른 사람들보다 우월하다고 믿었다. 그는 다른 사람들이 그를 알기 위해서 혹은 그의 지식을 얻으려고 다가오는 것을 무례하게 거절했다. 그러던 어느 날 핵전쟁이 일어났고 그 남자는 최후의 생존자가 되어 혼자 남는다. 이런 상황에 절망하기보다는 오히려 기쁨에 넘쳐서 그는 가까운 도서관으로 달려갔다. 그곳에서 그는 폐허가 된 건물과 수천 권의 책이 바닥에 흩어진 것을 보았다. 그는 매우 기뻐하며 책더미로 몸을 구부리다가 안경을 떨어뜨렸고 안경알이 박살났다.

우리가 다른 사람들과 관계를 맺지 않고 다른 사람들을 도울 수 있는 지식을 감춘다면, 혹은 지식을 무기로 사용하여 다른 사람들을 초라하게 만들고 조종하려 하거나 다른 사람을 희생시켜 우리 자신의 상황을 개선하려고 한다면, 우리는 그림자 원형인 조작자 원형의 지배를 받는다는 뜻이다. 사악한 마법을 쓰는 것이며 우리의 지혜로 혜택을 받을 수 있었던 사람들뿐 아니라 우리 스스로에게도 피해를 입히는 것이다.

마법사의 그림자 원형의 수동적인 극단은 순진한 사람, 혹은 '죄 없는'

---

58 Twilight Zone. 미국의 TV 시리즈물로 로드 스털링 원작. 공포, Sci-fi 물.

사람이다. '순진한' 사람은 조숙한 아이의 그림자 원형인 '바보' 아이가 그대로 성인이 된 것이다. '순진한' 사람 원형의 지배를 받는 남성은 마법사에게 전통적으로 주어지는, 혹은 사회적으로 성역으로 치부되는 위치의 권력과 지위를 원하면서도 그에 따르는 책임은 지기 싫어한다. 그는 지식을 공유하고 가르치기를 원하지 않는다. 단계별로 조심스럽게 다른 사람을 도와주는 것을 거부하고 성스러운 장소의 관리인이 되기 원하지 않는다. 자기 자신에 대해서 성찰하고 싶어 하지 않고, 건설적인 방식으로 힘을 유지하고 제어하며 전달하는 기술을 연마하는 데 필요한 노력을 하지 않는다. 그는 자신이 가진 아주 조금의 지식을, 다른 노력하는 사람들을 탈선하게 만드는 데 쓴다. '순진한' 사람은 자신의 숨겨진 권력에 대한 욕구가 아무런 사심이 없는 것이라고 주장하며, 실제적인 노력을 하기에는 자신이 너무 '선량하므로', 다른 사람들의 앞길을 가로막고 그들이 실패하게 하려고 한다. '사기꾼' 유형의 사람은 부분적으로는 진실을 드러내기 위해 책략을 꾀하는 데 반해 '순진한' 사람은 진실을 숨기고 자신의 위태로운 지위를 유지하려 한다. '사기꾼' 유형은 우리의 자만심을 적당히 없애 주지만, 마법사의 그림자 원형인 조작자와 '순진한' 사람은 불필요하게, 오히려 때로는 해가 될 정도로 우리의 자존감을 해친다.

'순진한' 사람의 숨겨진 동기는 다른 사람, 즉 행동하며, 현실을 살아가고, 자신의 지식을 공유하는 사람들에 대한 질투에서 비롯된 것이다. '순진한' 사람 유형에 지배되는 남성은 삶을 질투하며, 사람들이 자신에게 삶의 에너지가 부족한 것을 알아차리고, 자신의 취약한 위치에서 쫓아

버릴 것을 두려워한다. 그의 현실로부터의 괴리, '깊은 인상을 심어주려는' 행동, 자존감을 해치는 지적, 질문에 대한 적대감, 심지어 그의 식견마저도 그의 실제 내면의 황폐함과 생명력이 없다는 점, 그리고 무책임함을 감추기 위한 것이다.

'순진한' 사람에 지배되는 사람은 '행동'으로 인한 죄와 '행동하지 않음'으로 인한 죄를 모두 저지르지만, 자신의 적대적인 동기를 '순진함'으로 가장한 벽으로 감춘다. 이런 사람들은 약삭빠르고 대화에서 잘 빠져나가며, 전사 에너지와 정면으로 맞서는 것을 허용하지 않는다. 그들은 정면으로 맞서려는 우리의 시도를 피하며, 그들의 행동에 대한 우리의 직관에 의문을 가지도록 유도하며 대화의 균형을 잃게 만든다. 그들의 '순진함'을 공격하면 그들은 눈물을 흘리며 당황해하는 모습을 보임으로써 우리가 저지른 일에 대해 괴로워하게 만든다. 저급한 의도를 가지고 그들을 대한 것에 대해 수치심을 느끼고 스스로 피해망상증이 있는 것이라고 결론 짓게 될 수도 있다. 그럼에도 불구하고 조작당하고 있다는 불편한 느낌은 사라지지 않는다. 이 느낌이 '순진함'이라는 장막 뒤에 숨어 있는 '조작자', 즉 마법사의 능동적 그림자 원형의 흔적이다.

마법사 에너지 접하기

'조작자' 원형의 지배를 받는다는 것은 마법사 에너지의 그림자 원형의 지배를 받는 것을 의미한다. 마법사의 충만한 에너지와 접하지 못하면 우리는 정직하지 못하고 부정적인 수동적 그림자 원형에 사로잡히게 된다. 이런 경우 자신의 내면의 구조, 안정감, 명료함 등을 느끼지 못하게 되며, 자신의 사고 과정에 대한 신뢰감을 잃는다. 또한 감정과 문제를 거리를 두고 생각하지 못하게 된다. 그는 내적 혼란을 느끼며, 사방으로 밀고 당기는 외적 압력에 취약하게 될 것이다. 다른 사람들에게 수동공격적으로 행동하게 될 것이며 아무런 악의가 없다고 주장할 것이다.

정신과 상담 혹은 심리치료를 할 때 가장 어려운 일 중 하나는 환자가 자신의 감정을 억누르지 않으면서, 자아를 감정으로부터 분리하도록 하는 것이다. 이 일에 도움이 되는 심리적 행위가 있다. 유진 젠들린 교수가 고안해낸 '초점 맞추기focusing'로 상담자에게 강렬한 감정 — 강렬한 두려움, 질투, 분노, 절망 등 — 이 시작될 때 '관찰'하는 의자에 앉아서, 고조되는 감정을 방 한가운데 쌓아 올린다고 상상하는 것이다. 상담자는 각각의 감정을 조심스럽게 쌓아야 하며 우리는 뒤에 앉아 그 감정들을, 그 색깔과 모양, 그리고 미묘한 감정적 느낌을 관찰한다. 우리는 상담자에게 그들의 느낌을 판단하거나 내려놓으려고 하지 말고 단지 관찰만 할 것을 주문했다. "아. 이 감정이 또 있구나! 이렇게 보이는 거였구나!" 감정을 방 한가운데 쌓아둔다고 생각하면 자아가 그 감정들을 관찰할 수 있지만, 감정을 억누르지 않을 수 있다. 감정의 강렬한 순간이 지나가고 나면 치료자는 그 감정을 버리라고 말한다.

이 연습은 상담자로 하여금 마법사 에너지와의 연결을 강화하게 해준다. 관찰하고 생각하는 것은 마법사 원형이다. 자아로 하여금 감정을 차곡차곡 쌓을 수 있게 해주는 것도 마찬가지로 마법사 원형이다. 이런 방식으로 제어된 감정 에너지는 마침내 힘을 잃고, 한층 강해진 자아는 이 원초적 감정 에너지를 받아들여 삶을 북돋아주는 쓸모 있는 에너지로 변화시킬 수 있다.

한 젊은 남성이 마법사 에너지에 접하도록 도와준 다른 연습 방식도 있다. 이 남자는 거의 매일 밤마다 자신에게 회오리바람이 덮쳐오는 꿈을 꾸며 두려워하고 있었다. 어린 시절의 집 뒷마당의 나무 아래 앉아있는 그에게 커다란 검은 구름이 다가오는 꿈이었다. 그는 이 꿈의 의미를 전혀 알 수 없었다. 치료를 받으며 그는 자신의 무의식이 꿈을 통해 어린 시절의 분노를 보여주는 것이라는 것을 알게 되었다. 그의 부모는 알콜 중독자였고 가사를 꾸려가고 부모를 돌보는 것은 온전히 그의 몫이었다. 그뿐 아니라 그는 삼촌 한 명으로부터 반복적으로 성적 학대를 당했다. 어린 시절의 분노가 너무 컸기 때문에 꿈에서 폭력적인 회오리바람의 형태로 나타난 것이다. 청년의 내면에 있는 시골의 마을을 덮치는 엄청난 크기의 태풍은 그의 직업과 개인 생활을 망치고 있었고, 그는 우울증에 시달렸다.

그가 예술 분야에 종사하고 있었기 때문에 치료사는 회오리바람의 그림을 그려보라고 제안했다. 그는 납으로 된 방어막에 갇힌 회오리바람을 그렸다. 회오리바람으로 표현된 그의 분노는 발전기 속의 코일처럼 방어막 속에서 계속 맴돌게 되었다. 다음 과정으로 그는 방어막 안에 연결된 전선과 변압기, 그리고 가로등과 집, 공장 등 전기가 필요한 것들을 그렸다.

이 과정을 마치고 나자 그의 삶은 변하기 시작했다. 그는 자신의 직업을 떠날 용기가 생겼다. 그는 항상 아동극 극장에서 일하고 싶었다. 갑자기 그가 원하던 종류의 직업 제안이 밀려들어오기 시작했다. 그의 어린 시절의 분노의 원초적인 힘이 제어되고 현재 삶의 '빛'과 '공장'으로 그 에너지를 전달하자마자 그의 새 삶의 방식의 발전기가 되었다. 그의 혼란스러웠던 야생의 '사악한 마법'이 이제는 '전기', '빛'이라는 '선한 마법'으로 바뀐 것이다.

치료사는 그림을 그리라고 제안함으로써 환자가 원초적 감정을 제어하고 전환하며 충만한 마법사의 에너지를 끌어내도록 도왔다. 마법사 원형을 제대로 접한다면 우리는 직업적으로나 개인의 삶에 있어서도 명료한 사고와 깊이 있는 이해, 그리고 자신과 타인에 대한 성찰을 할 수 있게 되고 우리의 정신적 힘을 내적으로도, 그리고 바깥 생활에서도 기술적으로 잘 사용할 수 있게 된다. 마법사 힘을 접할 때에는 이 에너지를 다른 성숙한 남성 원형 세 가지와 함께 잘 조절해야 한다. 네 가지 원형 중 단독으로 잘 작동되는 것은 아무것도 없다. 왕의 생성력과 관대함, 전사의 결단력과 용기 있는 행동, 그리고 연인의 모든 사물과 깊이 있고 확신에 찬 관계를 맺는 능력을 마법사와 함께 균형 있게 갖추어야 한다. 그럼으로써 우리는 우리의 지식과 통제력, 에너지의 전환 능력을 인류를 위해 사용할 수 있을 것이고, 지구를 더 나은 곳으로 만들 수 있을 것이다.

8.
연인, 관계와 감각의 원형

인도 봄베이 해안에서 약간 떨어진 아라비아해의 한 섬에 있는 엘리판타 동굴The Elephanta Caves는 멀리서 봐도 매우 웅장하다. 이 동굴은 인디아나 존스의 《인디아나 존스: 미궁의 사원Temple of Doom》의 원형이다. 동굴이 위치한 가파른 산 중턱에는 물 가장자리까지 빽빽하게 나무가 자라고, 그 아래에서는 원숭이들이 이리저리 나뭇가지를 옮겨 다니며 꽥꽥 소리를 낸다.

동굴 안으로 들어서면 동굴사원의 어슴푸레하며 신비로운 모습이 드러난다. 그곳에, 수백 개의 촛불 빛을 받으며 어둠 속에 우뚝 솟아오른 물체가 있다. 바위를 깎아 만든 인도의 창조와 파괴의 신 시바의 거대한 남근상이다. 이 형상은 너무나 강렬하며 생명력이 넘쳐서 동굴은 밤낮으로 수천 명에 달하는 순례자들의 노래와 기도 소리로 가득하다. 숭배자들은 신성한 남성의 조각상에 매료되어 숨죽여 "Yes!"를 반복한다.

고대 그리스인에게도 프리아포스[59]라는 신이 있었다. 프리아포스의 남근도 너무나 거대해서 손수레에 싣고 밀고 다녀야만 했다. 이집트인들은 제드 기둥[60]의 모습을 한 오시리스신을 섬겼다. 일본인들은 전통적인 번영(다산)기원 축제에서 자연의 번식력을 불러오기 위해 거대한 인조 남근상을 가지고 춤을 춘다.

발기한 성기는 물론 성적 상징물이다. 하지만 또한 자연의 생명력을 의미하기도 한다. 고대 사람들에게 피는 정신과 에너지와 영혼의 매개체였다. 피가 성기를 발기시키는 것은 정신이 육체로 형상화되는 것을 의미하는 것이었으며, 신성한 생명력이 물질세계와 인류의 삶의 속된 세계로 들어가는 것을 의미했다. 인간과 신성한 것, 신과 물질세계의 결합의 결과는 항상 창조적이고 활기찬 것이었다. 이 결합으로부터 새 삶과 형태, 새로운 기회와 가능성이 태어나는 것이다.

사랑에는 여러 가지 형태가 있다. 고대 그리스인들은 성적인 요소가 없이 순수한 '아가페agape'에 대해 얘기했으며, 성경에서는 이것을 '형제애'라고 했다. '에로스'는 좁은 의미로는 남근에 의한, 성관계가 포함된 사랑을 의미하고, 넓은 의미로는 모든 것을 하나로 결합시키고자 하는 사랑을

---

59 Priapos. 남성 생식력의 신

60 Djed Pillar. 고대 이집트인들이 물체에 영력이 있다고 믿었던 주물숭배의 한 예로서, 원래 기둥 주위에 곡물의 이삭을 층층 모양으로 감아 붙인 모양. 풍요한 수확을 할 수 있는 효력을 발휘하는 힘의 상징이라고 여겼고 창조의 신인 프타, 내세와 죽음의 신인 오시리스와 관계가 있다고 여겼다.

의미했다. 로마인들은 이것을 '아모르amor'라고 했으며 한 사람의 몸과 마음이 다른 사람의 몸과 마음과 완벽하게 결합하는 것을 뜻했다. 이런 형태의 사랑과 그 외 다른 모든 형태의 사랑은 인간 삶에서 연인 원형의 에너지가 표출되는 방식이다.

융 학파는 연인 에너지에 대해 얘기할 때 보통 그리스 신의 이름 에로스를 언급한다. 라틴어인 리비도를 사용할 때도 있다. 이 용어를 통해 그들이 말하고자 하는 것은 성욕만이 아니라 삶의 전반적인 욕구다.

어떤 명칭을 사용하든 연인은 생동감, 살아있음, 열정 등을 뜻하는 원초적인 에너지 형태다. 그것은 성관계, 음식, 행복, 번식, 삶의 고난에 창의적으로 적응하는 것, 그리고 궁극적으로는 인간의 삶을 지속하는 의미를 알고자 하는 인류의 갈망을 통해 지속되어 왔다. 연인 원형의 주도로 이런 갈망을 채울 수 있었던 것이다.

연인 원형은 심리적으로 매우 중요하다. 외부 환경에 대한 감수성의 에너지이기 때문이다. 그것은 융 학파가 말하는 '감각 기능', 즉 감각 경험에서 훈련된 심리적 기능으로서, 색깔, 형태, 소리, 촉감, 냄새 등을 알아차리는 기능이다. 연인 원형은 또한 자신이 인지한 감각에 따라 내면의 심리 세계가 변화하는 것을 관찰한다. 우리는 연인 에너지의 존재 가치를 쉽게 이해할 수 있다. 위험한 세계에서 투쟁하며 살았던 우리의 먼 조상의 생존을 위해 꼭 필요했던 에너지였던 것이다.

태초의 배경이 어떠했든 간에, 연인 원형은 사람들에게 어떤 형태로 나타나는가? 어떻게 우리가 생존하고 번영하도록 도와주는가? 연인 원형의 특징은 무엇인가?

충만한 연인

연인 원형은 놀이와 '과시'를 담당하며 건강의 화신으로서, 감각적 쾌락의 세계 속에서 부끄러움 없이 자신의 몸을 소유하는 존재다. 연인 원형은 매우 감각적이다. 육체적인 것에 감각적으로 깨어있고 민감하다. 연인은 모든 아름다운 것에 연결되어 있고 감각적으로 이끌린다. 연인의 감수성은 모든 것에 연민을 느끼고 이해심을 가지며 결합하게 한다. 연인 원형에 접하는 남성에게는 모든 것이 신비로운 방식으로 연결되어 있는 것처럼 보인다. 그는 "모래 알갱이 속의 세상[61]"을 보며, 홀로그래피[62]가 발명되기 오래전부터 이미 우리는 '홀로그래피' 세상 — 모든 면이 서로 서로 반사하며, 즉각적으로 동조하며 결합하는 세상 — 에 살고 있었다는 것을 알게 해준다. 연인 에너지는 단순히 모래 알갱이 속에서 세상을 보는 것만이 아니다. 그는 실제로 모래 알갱이 속에 세상이 있다고 느낀다.

한 소년이 부모의 요구로 심리치료를 시작했다. 부모는 소년이 매우 '이상'하다고 했다. 소년은 혼자서 너무 많은 시간을 보낸다고 했다. 부모

61 World in a grain of sand. 윌리엄 블레이크의 시 〈순수의 전조(Auguries of Innocence)〉에 나온 구절로, 아주 작은 존재 안에서도 무한한 시간과 우주를 느낄 수 있음을 뜻한다.

62 Holography. 물체의 3차원적 영상 정보를 사진 필름 등의 감광 매체에 기록했다가 3차원 영상을 온전히 재생해내는 영상 기록 및 재생법으로, 1951년 헝가리 출신의 과학자 가보르(D. Gabor, 1900-1979)가 1940년대에 발명했다. 가보르는 그 공로로 1971년 노벨 물리학상을 받았다.

가 말하는 '이상함'에 대해서 질문하자 아이는 숲에서 눈에 잘 띄지 않는 장소를 발견할 때까지 오랫동안 산책한다고 했다. 이런 장소를 발견하면 소년은 바닥에 앉아서 개미와 다른 곤충들이 나뭇잎이나 낙엽 같은 작은 식물 위를 힘겹게 기어가는 것을 관찰했다. 그렇게 시간을 보내다 보면, 이 세상이 개미에게 어떻게 보일지 아이는 느끼기 시작했다. 자기 자신을 개미로 상상하는 것이다. 그는 조약돌(개미가 된 그에게는 커다란 바위)을 기어오르는 느낌을 상상할 수 있었으며 나뭇잎의 끝에서 흔들리는 감각도 느낄 수 있었다.

더욱 놀라운 것은, 소년이 쓰러진 통나무의 차갑고 축축한 이끼가 되는 것이 어떤 느낌인지 알 수 있다고 한 것이다. 그는 모든 동물과 식물의 굶주림과 기쁨, 고통과 만족감을 경험했다.

우리의 견해로는 이 소년은 연인 원형을 매우 강렬하게 접하고 있는 것이다. 그는 본능적으로 주변의 사물에 공감하고 있었다. 그는 자신이 믿는 것처럼 주변 사물의 경험을 정말로 느끼는 것일지도 모른다.

우리는 연인 원형을 접하는 남성은 융이 생각한 것보다 더 넓게 '집단 무의식'에 연결되어 있다고 믿는다. 융의 집단 무의식이란 인류 전체의 '무의식'이며, 이제까지 살았던 모든 사람들의 삶에서 일어났던 무의식적 기억을 포함한다. 하지만 융이 제안한 대로 집단 무의식에 한계가 없다면 왜 여기서 멈춰야 하는가? 집단 무의식이 모든 생명체의 느낌과 감각을 모두 포괄할 정도로 방대할 수도 있지 않은가? 그것은 과학자들이 식물에도 있다고 말하는 '원초적 자각'을 포함할지도 모른다.

이런 보편적인 의식이 있다는 생각이 《스타워즈》의 오비완 케노비에게도 반영되었다. 그는 은하계의 모든 것에 공감하며, '포스'의 아주 작은 변화도 감지할 수 있다. 동양의 철학자들은 우리가 거대한 대양의 파도와도 같다고 말했다. 연인 에너지는 서로 연결된 '대양'과 직접적으로 접하고 있다.

사물의 내면과 외면에 대한 감수성은 '열정'을 수반한다. 연인의 결합에 가장 중요한 부분은 지성이 아니고 느낌이다. 원초적 갈망은 우리 모두에게, 겉으로 드러내지 않더라도 매우 강하게 느껴진다. 하지만 연인은 이것을 잘 안다. 무의식에 가까이 있다는 것은 '불'에 가까이 있다는 뜻이다. 그것은 생명의 불이며, 생물학적으로는 삶을 만들어내는 신진대사 과정의 불이다. 우리 모두 잘 알고 있듯이 사랑은 '뜨겁다.' 때로는 '다루지 못할 정도로' 뜨겁다.

연인 원형의 지배를 받는 남성은 만지고 싶어 하고, 또 자신을 만져주기를 원한다. 그는 실제로 몸으로, 그리고 감정적으로도 모든 것에 닿기를 원하며, 모든 것이 자신을 만져주기를 또한 원한다. 그는 어떤 한계도 보지 못한다. 그는 내면세계와의 연대감 속에서 강렬한 감정을 그대로 느끼며 살기 원하며, 바깥으로는 다른 사람들과의 관계 속에서 연대감을 느끼며 살기 원한다. 궁극적으로는 그는 감각적인 경험의 세계를 하나도 남김없이 경험하고 싶어한다.

그는 미적 의식aesthetic consciousness[63]을 가지고 있다. 어떤 사물이든 미적으로 체험한다. 모든 생명은 그에게는 예술이며, 각자 미묘하게 다른 느낌을 불러일으킨다. 칼라하리 사막의 유목민들은 '연인'이다. 그들은 주변 환경의 모든 것에 심미적으로 맞춰져 있다. 그들은 사막 세계에서 수백 가지의 색깔을 보고, 우리에게는 그저 갈색과 황갈색으로 보이는 배경에서 빛과 그림자의 미묘한 차이를 본다.

연인 에너지는 '오이디푸스적 아이' 원형처럼 영적인 원천이며, 특히 신비주의의 원천이다. 전 세계 종교의 바탕에 깔려있고 현재에도 존재하는 신비주의 전통에서, 연인 에너지는 죽음을 피할 수 없는 보통의 인간에게 머물지만 신비주의를 통해 일체감을 느끼려 하고, 일상생활에서 일체감을 경험하려 한다.

자신을 개미라고 상상할 수 있었던 소년은 어느 여름 YMCA의 캠프에서 경험한 일에서 가졌던 특별한 느낌에 대해 신비주의의 시초라고 느껴질 만한 것을 이야기했다. 1주일에 한 번, 아이들은 한밤중에 침대에서 일어나 캄캄한 길을 걸어 숲의 한가운데 공터로 가서 옛 아메리카 원주민들의 노래와 춤을 재현하는 것을 보았다. 소년은 다른 소년들을 따라 자신의 방에서 나올 때 흔히 어두운 밤하늘에 두 팔을 뻗고 어둠 속으로 뛰어드는 상상을 했다고 했다. 나무가 그의 '영적인 몸'을 찢고 꿰뚫어도 전

63 실재하는 것의 현상으로부터, 또는 예술 작품을 제작 내지 감상할 때에 일어나는 감정 -철학 사전

〈두 연인〉, 레자 압바시(Reza Abbasi), 1630년, 뉴욕 메트로폴리탄 미술관
이란 세밀화의 대가인 레자 압바시의 두 연인 묘사. 두 남녀의 같은 곳을 바라보는 시선과 마주 댄 몸에서 자연스럽고 조화로운 일체감이 느껴진다. 자유로운 분위기, 대담한 필치와 함께하는 구성적 균형이야말로 레자 압바시의 특색.

혀 고통이 없이 쾌감만을 느꼈을 뿐이었다. 그는 자신이 미지의 어둠의 신비와 '일체'가 되고 싶었으며, 캄캄한 숲은 위협적이었지만 이상하게도 안도감을 주었다고 했다. 이런 느낌은 세계의 종교에서 묘사하는 신비적인 하나됨과 완전히 동일한 것이다.

연인 에너지를 접하는 남성은 삶의 모든 것을 이런 방식으로 체험한다. 고통을 느끼는 동시에 큰 즐거움도 느낀다. 그는 삶의 모든 감각적 경험에서 즐거움을 느낀다. 예를 들어, 그는 시가 상자를 열어 시가의 이국적 향기를 맡는 즐거움을 아는 사람일 수 있다. 음악적 감수성이 풍부한 사람으로, 인도의 시타르[64]를 튕기는 기이한 소리를 들을 때, 혹은 오케스트라의 웅장한 소리, 혹은 흙으로 만든 아랍의 북의 금욕적인 울림소리를 들으며 즐거움을 느낄 수도 있다.

그에게는 글쓰기가 매우 감각적인 경험일 수도 있다. 작가들에게 왜 그들 중 많은 사람들이 타이프라이터 앞에 앉으면 담배를 피워야 한다고 생각하는지 묻자 흡연이 감정과 감동, 단어의 미묘한 차이점에 대한 감각을 활짝 열고 긴장을 늦춰준다고 대답했다. 그들은 흡연을 함으로써 '세상' 혹은 '대지'에 연결이 된다고 느끼는 것이다. 내면과 외면이 일체가 되어 창작할 수 있는 상태가 되는 것이다.

언어는 각 단어의 음이 서로 다르고 뜻도 미묘하게 차이가 있다. 언어

---

64 Sitar. 인도 악기 중 가장 널리 알려진 악기로 크고, 류트의 목을 길게 늘린 듯한 형태다. -위키백과

는 연인 원형의 감성으로 접근하는 것이다. 다른 사람들은 기계적으로 언어를 배울지도 모르지만, 연인 에너지에 접한 남성은 그것을 느낌으로 배운다.

철학이나 신학, 과학의 매우 추상적인 생각들도 감각으로 느껴지는 것이다. 21세기의 위대한 철학자이자 수학자인 알프레드 노스 화이트헤드[65]는 자신의 저서에서 이것을 뚜렷하게 보여주었다. 그의 저서는 처음에는 과학적으로 보이지만 매우 감성적이고 동시에 감각적이기도 하다. 고등수학의 한 교수는 "4차원"이 무엇인지를 "느낄 수" 있다고 말했다.

연인 에너지와 깊이 접한 사람은 자신의 일과, 함께 일하는 동료들을 자신의 미적 의식을 통해 경험한다. 그는 사람들을 마치 책처럼 '읽을' 수 있다. 때때로 매우 고통스러울 정도로 다른 이들의 감정의 변화에 민감하고 그들의 숨은 동기를 느낄 수 있다. 이것은 사실 매우 고통스러운 경험일 수 있다.

연인 원형은 삶의 즐거움의 원형만이 아니다. 다른 사람들이나 세상과 일체감을 느낄 수 있는 능력으로 인해 다른 사람들의 고통까지 느끼기 때문이다. 다른 사람들은 고통을 피할 수 있을지도 모르지만, 연인 에너지를 접하는 사람은 고스란히 견뎌내야만 한다. 그는 자신뿐 아니라 다른

---

65 Alfred North Whitehead(1861-1947). 영국의 철학자, 수학자. 20세기를 대표하는 철학자중 한 명이며 기호논리학의 대표 학자다. 버트런드 러셀과 함께 《수학 원리》를 저술했으며 영국의 왕립학회 회원이다. 순수하게 개별적으로 존재하는 것은 없으며 모든 것은 서로 영향을 주고받는다는 유기체 철학론을 주장했다. -위키백과

사람의 '살아있음'의 고통을 느낀다. 여기에서 우리는 자신의 도시 예루살렘과 제자들, 그리고 온 세상 사람들을 위해 눈물 흘리는 예수의 이미지를 떠올릴 수 있다. 성경에 나오듯 "슬픔을 느끼는 사람, 슬픔을 아는 사람"으로서 온 세상의 슬픔을 짊어진 것이다.

우리는 사랑이 기쁨과 동시에 고통을 주는 것을 잘 안다. 그리고 연인 원형을 통해서 그것이 심오한 불변의 진리라는 것을 안다. 사도 바울의 유명한 〈사랑의 송가〉에서 진정한 사랑의 힘에 대해 얘기하며, "사랑은 모든 것을 참으며", "모든 것을 견딘다"라고 했다. 정말로 그렇다. 중세 말기 유럽의 음유시인들은 벗어날 수 없는 달콤한 '사랑의 고통'을 노래했다.

연인 원형의 영향을 받는 남성은 사회적으로 설정된 경계선에서 멈추려고 하지 않으며, 이런 종류의 인위적 굴레에 저항한다. 그의 삶은 흔히 인습에 얽매이지 않고 '난장판'이다. 화가의 스튜디오, 창의적 학자의 서재, '일단 해보자' 식의 상사의 책상도 그렇다. 그가 넓은 의미의 '규칙'에 저항하기 때문에 우리는 그의 삶에서 사랑과 의무, 감각과 도덕의 대립과 같은 고전적 갈등을 볼 수 있다. 조지프 캠벨은 이것을 시적으로 표현해서 '아모르amor와 로마Roma[66]'의 갈등이라고 표현했다. 아모르는 열정적인 것을 뜻하고, 로마는 규칙과 질서에 대한 책임과 의무를 뜻한다.

---

66 아모르는 라틴어로 '사랑'이라는 뜻이고, 로마는 아모르의 스펠링을 거꾸로 한 것임과 동시에 교황이 거주하며, 타락한 중세교회를 상징하는 로마를 뜻한다.

연인 에너지는 그러므로 언뜻 보기에는 다른 남성 에너지와 완전히 반대된다. 연인의 관심은 전사나 마법사의 것과도 다르고 왕이 경계, 힘, 질서, 규칙의 유지를 염려하는 것에도 반대된다. 한 남성의 심리 속에서 일어나는 일은 역사나 문화의 거대한 흐름 속에서도 마찬가지로 일어난다.

문화적 배경

종교와 종교에서 비롯된 문화의 역사 속에서 우리는 연인 원형과 다른 남성 원형 사이의 대립 유형을 흔히 볼 수 있다. 기독교, 유대교, 이슬람교 혹은 그 외 도덕, 윤리, 종교라고 불리는 것들은 모두 연인을 박해했다. 기독교는 일관성 있게 세상 — 연인이 헌신하는 대상 — 은 악하고, 세상의 주인은 사탄이며 사탄이야말로 육신의 쾌락(그중의 으뜸은 섹스다)의 근원이며 기독교도들은 그것을 피해야 한다고 가르쳤다. 교회는 예술가나 개혁가 혹은 창조자들과 자주 대립했다. 로마제국 후기에 교회가 처음으로 권력을 잡았을 때 가장 처음 한 일은 극장을 폐쇄한 것이다. 그다음으로는 사창가를 폐쇄했고 음란화의 전시를 금지했다. 연인에게는 에로틱한 표현을 할 여지가 없어졌다.

교회는 고대 히브리인들의 관행을 따라 심령사나 영매들도 박해했다. 그들은 예술가와 함께 이미지를 만드는 무의식, 즉 연인 원형과 매우 근접한 사람들이다. 이것이 중세의 마녀 사냥의 근원이기도 하다. 마녀들은 교회의 눈에 심령사 — 미묘한 느낌의 내면세계의 표현에 대단히 직관적이고 민감한 사람 — 일 뿐 아니라 자연 숭배자로 보였다. 교회는 자연의 세계를 사악한 것이라고 규정했기 때문에 마녀 또한 사탄의 숭배자 — 연인 에너지를 받은 자 — 로 여겨졌다.

오늘날에도 많은 기독교인들이 성경의 유일하게 에로틱한 부분인 〈솔로몬의 노래〉에 충격을 받는다. 그것은 사랑에 관한 시이며 (가나안의 다산 기원 의식에 바탕을 두고 있다) 매우 관능적이다. 그것은 남자와 여자의 육체와 정신의 결합을 뜻하는 아모르를 묘사하고 있다. 도덕적인 기독교도들이 〈솔로몬의 노래〉를 받아들일 수 있는 유일한 방법은 그것을 '교회에 대한 예수의 사랑'을 비유한 것이라고 해석하는 것뿐이다.

원형은 사라지거나 없애버릴 수 있는 것이 아니다. 연인 원형은 기독교적 신비주의라는 형태를 띠고 낭만적이고 감성적인 그림과 찬송가 속으로 "다정하고 온화하며 부드러운 예수"의 모습으로 다시 등장했다. 〈저 장미꽃 위에 이슬In the Garden〉, 〈그 사랑이 나를 건졌네Love Lifted Me〉, 〈비바람이 칠 때와Jesus, Lover of My Soul〉 같은 찬송가의 에로틱한 낮은음을 생각해보면 본질적으로 엄격하고 도덕적인 종교조차도 연인의 억제할 수 없는 열정이 깃들어 있다는 것을 알 수 있다.

기독교의 삼위일체[67]의 교리 속 아버지와 아들 사이의 사랑은 흔히

67 Trinity. 기독교도들은 하나의 신이 성부, 성자, 성령의 세 가지 위치를 가진다고 믿는다. 유대인과 무슬림은 삼위일체를 별도의 세 신으로 보기 때문에 삼위일체의 개념을 받아들이지 않으며, 유일신이 '아들'을 두었다는 생각도 인정하지 않는다.

육욕이 가득한 표현을 사용해 묘사되어 있다. 신이 인간의 형태로 땅에 내려왔다는 기독교 교리가 신에 의한 인간 여성의 '역사적인' 수태를 주장하며, 그들의 결합을 통해 신과 모든 인간의 영원하고 친밀한 성적 교류를 주장하는 것이다. 그것은 물질세계에 대한 교회의 이중적이면서 동시에 성스러운 사고의 바탕에 기독교적 신비주의와 신학적 사고 속의 연인이 있다는 것을 보여준다.

그러나 이 모든 것에도 불구하고 기독교는 여전히 연인에게 적대적이다. 연인은 유대교에서도 마찬가지로 푸대접을 받았다. 정통 유대교에서 연인은 여성에게 투영되었으며 천대받았다. 전통적인 유대교 기도 책에는 여전히 아침 예배의 기도로 "축복받으소서, 우리 주 하느님, 우주의 왕, 나를 여인으로 만들지 않은 분이시여"라는 구절이 있다. 또한 유대교에 따르면 최초로 죄를 저지른 사람은 이브였다. 이런 여성에 대한 모략은 여성에게 투영된 연인에 대한 모략이며, 유대교(나중에는 기독교와 이슬람교까지)가 여성을 '성스러움'을 추구하는 경건한 남성을 '유혹하는 자'로 규정했다.

이슬람교에서도 여성은 천대받았으며 억압되었다. 이슬람은 전사 에너지의 금욕적 종교이다. 그러나 심지어 여기에서도 연인 에너지는 사라지지 않았다. 이슬람교의 사후 천국은 연인의 영역으로 보인다. 이곳에서는 모든 이슬람의 성인들이 속세의 삶에서 포기하고 억눌렀던 것들이 모두 허용되어 끝없는 연회에서 아름다운 "검은 눈의 천상의 미녀"들의 시중을 받는다.

힌두교는 조금 다르다. 힌두교는 서구의 도덕주의적이거나 윤리적인 종교와는 다르다. 힌두교의 정신 영역은 더 심미적이고 신비주의적이다. 힌두교는 사물과의 일체감(브라만)과 인간과 신의 일체감(아트만)을 찬양하는 동시에 감각의 영역에서의 기쁨 역시도 찬양한다.

힌두교도들에게는 섬겨야 할 신과 여신, 이국적 모양이나 색채, 반인반수, 식물, 심지어 돌까지도 그들 뒤에서 지켜보며 사랑과 열정을 쏟아붓는 "유일한 존재"의 다채롭고 감각적으로 풍요로운 표현이다. 힌두교는 연인의 에로틱한 양상이 신성한 사랑의 시(예를 들면《카마수트라》[68])와 갖가지 에로틱한 사원 조각상의 형태로 세상에 현신하는 것을 축복한다. 왕, 전사, 마법사라는 다른 원형들과 연인이 근본적으로 대립하는 것이라고 생각한다면 코나락에 있는 힌두 사원을 둘러보면 생각을 바꾸게 될 것이다. 코나락의 사원에서는 신과 여신, 남자와 여자가 상상할 수 있는 모든 체위로 결합하며, 상대방과 우주와 그리고 신과의 결합을 통한 황홀한 쾌락을 표현한다.

한 삼십 대 초반의 남성이 직장과 개인 생활에서의 숨 막히는 듯한 느낌 때문에 심리분석을 받으러 왔다. 그는 회계사였는데 차츰 매일의 계산과 수치에서 멀어지고, 자신의 업무에서 요구되는 엄격한 행동 수칙에 둘

68 현존하는 고대 인도의 성애론서 중에서 가장 오래된 문헌. 바츠야야나가 지었으며 약 4~5세기경에 저술한 것이라고 추정된다. 고대 인도에서는 다르마(법), 아르타(실리), 카마(성애)가 인생의 3대 목적이라고 했으며, 바츠야야나는 특히 카마를 배우는 의의를 강조해서 이 책을 저술하였다. -종교학대사전

러싸인 것 같다고 느꼈으며, '진짜 인생'으로부터 멀어졌다는 느낌을 받았다. 그가 내면의 '연인'과 접하지 못하고 있는 것은 명백했다.

그리고 나서 그는 '인도 소녀의 꿈'을 꾸었다. 꿈속에서 그는 이제까지 별로 생각해 본 적도 없었던 인도의 쥐가 들끓는 빈민가를 걷고 있었다. 처음에 그에게 가장 강렬한 인상을 준 것은 색채였다. 파란색, 주황색, 흰색, 붉은색, 밤색… 그리고는 냄새였다. 이국적 향신료의 냄새와 향수와 인간의 분변의 냄새, 그리고 썩어가는 쓰레기의 냄새가 강렬했다. 그는 금방이라도 무너져 내릴 것 같은 계단을 통해 아파트의 2층으로 올라갔고, 더럽고 누더기를 걸쳤지만, 매우 아름다운 갈색 피부의 인도 소녀를 보았다. 그들은 얼룩지고 더러운 깔개 위에서 사랑을 나누었다.

꿈에서 깨었을 때 그는 이전에 느껴보지 못했던 흥분과 활기와 기쁨을 느꼈다. 그는 자신의 느낌을 일종의 "영성"이라고 표현했다. 꿈속에서 그는 '신'의 존재를 신비롭고도 감각적인 존재로서 느꼈고 섹스를 하는 기쁨을 내내 신과 함께 느꼈다. 이것은 그에게 신의 계시처럼 느껴졌고, 연인과 접하기 시작했으며 그 자신과 그의 파트너에게 매우 큰 도움이 되었다.

연인은 어떤 모습으로 가장 뚜렷하게 나타나는 걸까? 두 가지 주요한 방식이 있다. 하나는 넓은 의미의 예술가이고, 또 하나는 심리학자 혹은 심령사이다. 화가, 음악가, 시인, 조각가, 작가는 연인이 표출되는 주요 방식이다. 예술가는 감수성이 예민하고 감각적이라고 잘 알려져 있다. 빛으로 가득한 고갱의 인물들이나 인상주의 화가들의 강렬한 색채, 고야의 누드화, 헨리 무어의 조각상들을 보면 연인의 에너지를 느낄 수 있다. 말러의 우울한 신비주의적 교향곡, 그룹 히로시마의 쿨 재즈[69], 윌리스 스티븐스의 감각적이고 역동적인 시도 그렇다. 예술가들의 사생활은 거의 판에 박힌 것처럼 격정적이고 혼란스러우며 미로처럼 복잡하다. 기복이 심하고 결혼생활에 자주 실패를 겪으며 약물 남용인 경우도 많다. 그들은 창조적 무의식의 강렬한 힘을 매우 가깝게 접하며 살아간다.

비슷한 방식으로 심령사 또한 감각과 깊은 본능적 느낌의 세계에서 살아간다. 그들의 의식적 인식은 예술가와 마찬가지로 다른 사람들의 생각이나 느낌과 집단 무의식을 매우 민감하게 감지한다. 그들은 보통의 일상적이고 상식적인 낮 세계의 뒤 혹은 아래에서 움직이는 것처럼 보인다. 그들이 감지하는 이 숨은 세계는 거의 들리지 않는 말, 강렬하게 몰아치는 감정, 설명할 수 없는 냄새, 다른 사람들은 채 느끼지 못하는 열기나 냉기, 공포의 이미지, 아름다운 이미지, 다른 사람들에게 무슨 일이 일어나는지에 대한 작은 단서 등이다. 그들은 미래에 대한 느낌을 감지하기도 한다. 카드, 찻잎, 손금 등을 잘 읽는 사람은 연인을 접하는 사람들이다. 연인은 표면 아래 숨겨진 모든 단서들을 종합하며 미래의 단서를 현재와 함께 묶기도 한다.

사업에 대한 '감'을 가진 사업가들 또한 연인을 접하는 사람들이다. 우리가 사람이나 상황, 자신의 미래에 대한 예감이나 직감을 가질 때도 그

69 제2차 세계대전 이후에 나타난 모던 재즈의 종류. 이전의 스윙이나 비밥 재즈의 빠른 리듬감 대신 느리고 차분한 음악을 특징으로 한다. 로스앤젤레스와 샌프란시스코 지방의 고유 장르로 발전해서 웨스트 코스트 재즈라고 부르기도 한다. 클래식 음악의 일부를 삽입해서 쓰기도 한다.

렇다. 이런 순간에는 우리의 기저에 있던 것들이 모습을 드러내며, 평소에 인식하지 못했던 현실과 연결해주는 연인 에너지에 이끌리는 것이다.

모든 예술적 혹은 창조적 일들은 창조를 위해 연인의 에너지를 이끌어낸다. 농사, 증권 중개, 페인트공, 소프트웨어 디자인 등을 비롯한 거의 모든 직업들이 그렇다.

훌륭한 음식, 와인, 담배, 동전, 골동품, 그 외 많은 물건들을 감정하는 직업을 가진 사람들도 마찬가지다. 소위 '광'이라고 불리는 애호가들도 마찬가지다. 증기기관차광들은 이 거대하고 번쩍이는 검은색 '남근'에 대해 감각적이고 심지어 에로틱한 친밀감을 가진다. 자신의 기호에 완벽하게 들어맞는 '코르벳'을 찾아 헤매는 자동차광, 녹슬고 얼룩진 차의 숨겨진 아름다움과 결함을 찾기 위해 차를 만지고 냄새를 맡는 것에 기쁨을 느끼는 중고차 감정인, 특정 문학 장르나 록 그룹의 '광팬'… 이들은 모두 연인을 접하는 사람들이다. 풍부한 아로마의 커피나 초콜릿의 감정가, 명나라 시대의 꽃병에 감탄하며 이리저리 돌려보는 골동품 판매상… 이들도 연인을 접하고 있다. 영상과 스토리로 예배 애니메이션을 만드는 목사 역시, 인디언들의 표현에 따르면 머리로만 생각하는 것이 아니라 '가슴으로 생각하는' 사람이며, 연인을 접하는 사람이다. 하던 일을 멈추고 그저 우리 자신의 모습 그대로 어떤 행동을 해야 한다는 압박 없이 행동한다면, 길을 가다 '장미 냄새를 맡기 위해 멈춰 선다면' 내재된 연인을 느끼고 있는 것이다.

물론 연인을 강렬하게 느낄 수 있는 것은 애정 생활이며, 이것이 연인을 느끼는 가장 빠르고 확실한 길이다. 많은 남성들이 '사랑에 빠지는' 느낌을 위해 산다. 말 그대로 연인의 힘에 빠지는 것이다. 가장 무뚝뚝한 남자의 마음에도 찾아오는 이 황홀한 의식 속에서 우리는 사랑하는 여인의 품속에서 황홀해하고 그녀의 몸과 마음의 아름다움에 푹 빠져 그녀를 소중히 여기는 것이다. 사랑하는 여인과의 육체적, 감정적 결합을 통해 우리는 천상의 황홀과 쾌락의 세계, 또 한편으로는 고통과 슬픔이 공존하는 세계로 들어간다. 우리는 음유시인들이 노래했던 것처럼 "나는 사랑의 고통을 안다!"고 외친다. 온 세상이 이전과 다르게 보인다. 더 생기 있고, 더 강렬한 색채를 가지고, 더 의미가 있으며 더 좋기도 하고 더 나쁘기도 하다. 모두 연인 에너지가 바꿔놓은 것이다.

연인의 그림자 원형에 대해 논하기에 앞서 오랜 이슈인 일부일처제와 일부다처제, 그리고 난혼 문제에 관해 살펴보자. 일부일처제는 사랑의 '아모르' 형태에서 발생한 것으로, 한 남자와 한 여자가 서로에게만 몸과 마음을 준다. 그것은 이집트 신 오시리스와 그의 아내 이시스의 사랑, 그리고 가나안의 신 바알Baal과 그의 아내 아나트 간의 신화적 사랑이다.

힌두교의 신화에는 시바와 파르바티의 끝없는 사랑이 있으며, 성경에는 야훼의 자신의 '신부' 이스라엘에 대한 고통스러운 사랑이 있다. 일부일처제는 적어도 서구에서는 여전히 이상적인 사랑 형태다. 그러나 연인은 일부다처제나 일부일처제 하의 재혼, 혹은 난혼를 통해서도 그 모습을 드러낸다. 신화에서는 힌두교의 신 크리슈나가 여자 목동gopi들을 사랑한 것에서 나타난다. 그는 각각의 여자 목동을 자신의 무궁무진한 사랑의 능력을 사용하여 모두 온전하게 사랑해주었기 때문에 목동들은 스스로 특별하고 가치 있는 사람이라고 느꼈다. 그리스 신화에서는 제우스가 많은 여신과 많은 여인을 사랑했다. 왕궁의 하렘에서도 연인의 모습이 보이는데, 일부일처제를 주장하는 사람들에게는 끔찍하게 느껴지는 동시에 매력적일지도 모른다. 이집트의 파라오 람세스 2세는 백 명 이상의 아내 외에도 셀 수 없이 많은 후궁을 두었다. 성경 속의 왕 다윗과 솔로몬은 아름다운 여인들로 가득한 하렘을 가지고 있었다고 하며, 영화《왕과 나》의 시암의 왕도 그랬다. 오늘날에도 부유한 이슬람의 남자들은 많은 수의 아내와 첩을 거느린다. 연인은 이런 모든 종류의 사회 제도 안에서 유지된다.

연인의 그림자 원형: 중독자와 무력한 연인

연인의 그림자 원형을 가지고 살아가는 남성은 다른 원형의 그림자도 그렇듯, 적절하게 접했다면 생명력과 행복의 원천이 되었을 에너지에 사로잡혀 살게 된다. 그림자 원형에 갇힌다면 그 에너지가 그를 파멸시키고, 주변 사람들에게까지 영향을 끼친다.

중독자 원형을 가진 남자가 가장 강력하게 그리고 절박하게 던지는 질문은 이것이다. "이렇게 즐길 거리가 많은 드넓은 세상에서 왜 감각적이고 관능적인 경험을 억눌러야 하는가?"

중독자는 어떻게 남자를 사로잡게 되는가? 중독자로서 가장 중요하게 나타나는 특징은 방향성을 잃어버리는 것이며, 이것은 여러 가지 양상으로 나타난다. 연인의 그림자 원형의 지배를 받는 남성은 말 그대로 감각의 바다에 빠져서 길을 잃는 것이다. 단순히 '공상'에 빠지거나 '노을'을 감상하는 것이 아니다. 바깥세상에 대한 아주 작은 느낌만으로도 그는 중심에서 벗어난다. 저녁나절 기차 기적소리의 외로움에 이끌리고, 사무실에서 있었던 사소한 싸움에 감정적으로 기진맥진하며, 거리에서 우연히 스친 여인의 달콤한 목소리에도 외로움을 느낀다. 처음에는 한 방향으로 그다음에는 다른 방향으로 이끌리며, 그는 더 이상 자신의 운명의 주인이 되지 못하고 감수성의 희생자가 되어 시각과 청각과 후각과 촉각의 세계에서 이리저리 뒤엉켜버린다. 반 고흐가 자신의 그림과 캔버스, 그리고 밤하늘 별의 강렬한 역동성에서 혼란에 빠진 것을 떠올릴 수 있다.

한 예민한 남자가 있었다. 그는 밤에 자신의 방에 아주 조금이 빛이 들어오는 것도 견딜 수 없었고, 이웃집에서 나는 소음 때문에 거의 미칠 지경이 되었다. 그는 작곡가 지망생으로, 머릿속에 멜로디나 가사가 끊임없이 떠돌아다녔고, 그것을 소리로 들을 수가 있었다. 자신의 삶을 체계적으로 유지하기 위해 그는 수백 장의 메모를 써서 집 곳곳에 붙였다. 거울에도 붙이고 침대 위에도 붙였고 커피 테이블과 문에도 붙였다. 그는 광적으로 집안을 뛰어다니며 메모에 써 붙인 할 일들을 해내려고 애썼다. 그의 삶은 지나친 예민함으로 혼돈 그 자체였다. 자기 자신의 예민함 때문에 길을 잃은 중독자인 것이다.

또 다른 한 남자는 야간 학교에서 히브리어를 공부했다. 중독자 원형에 사로잡힌 사람으로서 그는 언어에도 감각적으로 접근하여 신기하게 생긴 글자 하나하나에 기뻐하고, 단어의 발음과 미묘한 뜻의 차이를 느꼈다. 마침내 그는 자신의 감정에 완전히 빨려들었음을 느꼈고 더 이상 학습을 계속할 수 없었다. 기억하기 위해서는 어느 정도 거리를 두어야 하는데 그것이 불가능했던 것이다. 그에게는 단 하나의 단어를 더 외울 에너지도 남아있지 않았다. 처음에는 반에서 일등이었지만 곧 꼴찌가 되었다. 언어를 자신의 것으로 통제하고 숙달하는 것이 아니라 언어가 그를 통제했다. 그는 히브리어의 중독자가 되었고, 그 안에서 발견한 감정의 희생자가 되었다. 길을 잃은 것이다.

한 남자는 자신의 수입을 초과하는 클래식 자동차를 사랑했다. 그는 끝없이 유혹당했고, 자동차의 반짝이는 아름다움에 이끌려 자신의 돈이 바닥나는 사실은 까맣게 잊었다. 마침내 '가혹한 현실'이 문을 두드리던 날 그는 자신이 파산했다는 사실을 알게 되었다. 생존을 위해 결국은 그렇게 아끼던 자동차들을 팔아야 했다.

집에 마지막 남아있던 돈을 써버린 예술가의 이야기도 있다. 아내가 두 아기의 분유를 사려고 간신히 모아둔 돈이었다. 예술가는 그 돈으로 작업 중인 프로젝트에 필요한 색연필과 파스텔을 샀다. 예술가도 물론 아내와 아이들을 사랑했지만, 절대적으로 자신의 예술을 표현해야만 했던 것이다. 그는 예술에 빠져서 결국 가족을 잃었다.

중독되기 쉬운 성격이 있다. 음식, 술, 담배, 마약 등을 멈추지 못하는 사람들이다. 담배를 많이 피우는 한 젊은이가 의사에게서 담배를 끊지 않으면 폐암에 걸릴 수 있다는 경고를 받았다. (그는 이미 초기 증상을 보이고 있었다.) 그는 살고 싶으면서도 담배를 끊을 수가 없었다. 그는 담배가 주는 감각적 만족을 즐겼다. 결국 마지막 순간까지 담배를 피우다가 담배의 화학적, 감정적 중독에 빠져 죽었다.

중독자가 순간의 쾌락을 위해 사는 방식에서 보이는 중독성은 우리를 꼼짝하지 못하도록 거미줄에 가둔다. 신학자인 라인홀드 니부어[70]가 "육욕의 죄Sin of Sensuality"라고 말한 것이며, 힌두교의 마야춤도 비슷하다. 환각의 춤으로, 중독성이 강하며 감각을 마비시키는 마야춤은 쾌락과 고통이 반복되는 순환 고리에 우리를 잡아 가둔다.

사랑의 불길에 사로잡히면 자신의 갈망 때문에 고통을 받고 또한 황홀감을 맛보기도 하지만 우리 스스로는 뒤로 물러서거나 행동할 수 없으며, '자신의 원래 모습'으로 돌아올 수도 없다. 자신의 느낌에서 스스로 분리시켜 거리를 둘 수가 없는 것이다. 파괴적인 결혼생활이나 관계에서 단절하지 못해서 인생을 파멸시키는 사람들도 많다. 그러므로 중독적 관계에 사로잡혔다고 느낄 때는 연인의 그림자 원형에 희생자가 될 확률이 매우 높다는 것을 알아두는 것이 좋다.

연인의 능동적 그림자 원형인 중독자에 사로잡히면 결코 안정되게 살아가지 못한다. 항상 무엇인가를 갈구하며 살아가기 때문이다. 자신이 찾는 것이 무엇인지 모르며, 영화의 마지막 장면에서 한곳에 정착하지 못하

---

70 Karl Paul Reinhold Niebuhr. 1892-1971. 미국의 개신교 신학자이자 기독교 윤리학자. 기독교 신앙을 현실적인 현대 정치와 외교에 접목시킨 기독교 현실주의자. 현대의 '정의로운 전쟁just war' 사상에 크게 기여했다. 동생은 《그리스도와 문화》라는 책으로 유명한 리차드 니부어이다.

고 또 다른 흥분거리와 모험을 찾아 황혼 속으로 떠나는 카우보이와 같다. 그는 언덕 너머에 있을 막연한 무엇인가를 경험하고 싶어 하는, 결코 해소할 수 없는 갈증을 가진다. 그는 지식의 지평을 넓히고 싶은 것이 아니라 (이것은 그를 갈증으로부터 해방시켜 줄 수 있을 것이기 때문에) 그의 감각의 지평을 넓히고 싶어 한다. 단순한 행복을 얻기 위해 그 대가가 무엇이든 상관하지 않는다. 제임스 본드나 인디아나 존스도 그런 사람들이다. 한 사람을 사랑하고 떠난다. 또 다른 사랑과 이별을 위해.

이곳에서 우리는 돈 후안 신드롬을 볼 수 있으며 일부일처제/난혼의 문제를 다시 볼 수 있다. 일부일처제는 (단순한 방식은 아니지만) 남성의 깊은 무게감과 중심감의 산물이라고 볼 수 있다. 그는 외부가 아닌 자기 자신의 내적인 원칙을 지키는 것이며 안정된 남성성과 내적인 즐거움을 지킨다. 그러나 한 여자에게서 또 다른 여자에게로, 자신도 모르는 무엇인가를 끊임없이 찾아 헤매는 남자는 아직 내적 구조가 탄탄하지 않은 사람이다. 내적으로 분열되고 중심이 잡히지 않은 상태이기 때문에 그는 여성성과 감각적 경험의 세계 속에 '완전함'이 있을 것이라고 생각하며 이리저리 끌려다닌다.

중독자의 눈에 이 세상은 잃어버린 '완전함'의 조각들이다. 눈앞의 광경에 사로잡혀, 그 배경은 보지 못한다. 힌두교에서 말하듯 '수많은 형상' 때문에 그에게 안정감을 줄 '일체감'을 찾지 못하는 것이다. 프리즘의 한쪽 면에 살면 그가 볼 수 있는 것은 아름다운 무지개의 일부분일 뿐이다.

고대 종교의 우상숭배 역시 중독이라고 볼 수도 있을 것이다. 중독자는 무의식적으로 일부분만 본 것을 마치 전체를 본 것처럼 여긴다. 포르노 영상을 수집하는 현상에서도 이런 특징이 나타난다. 중독자 원형의 영향을 받는 사람들 중 여성의 나체 사진을 방대하게 수집하고 그것들을 '가슴', '다리' 등으로 분류하는 사람들이 있었다. '가슴' 사진을 줄지어 나열해놓고 비교하는 데서 즐거움을 느끼며 '다리'나 여성 몸의 다른 부분에 대해서도 같은 행동을 한다. 그들은 각 부분의 아름다움에 감탄하지만 여성의 전체의 몸이나 심리, 그리고 몸과 마음이 일체가 된 여성을 경험하지 못하며, 친밀한 인간적 관계를 맺지 못한다.

이런 우상 숭배에는 무의식적인 과대망상이 있다. 이 틀에 갇힌 남자는 신이 다양한 모습의 몸을 만들고, 각 부분의 모습과 전체의 모습에서 모두 즐거워하기 때문에 자신이 신의 무한한 관능을 가지고 이 사진들을 경험한다고 생각한다. 중독자 원형의 남자는 무의식적으로 자신을 신과 같은 반열에 올려 경험하는 것이다.

중독자 원형의 남자가 불안정한 것은 자신을 옭아맨 거미줄에서 빠져나가려고 몸부림을 치고 있기 때문이다. 마야의 거미줄에 걸린 사람은 몸을 들썩이고 비틀면서 출구를 찾으려고 애쓴다. "세상을 멈춰줘! 나는 나가고 싶어!" 하지만 그곳으로 나가는 유일한 길을 가는 대신 자신의 곤경을 더욱 악화시킬 뿐이다. 늪에서 허우적거리면 더 빨리 빨려들게 될 뿐이다.

이런 일이 벌어지는 이유는, 그가 출구라고 생각하는 것이 사실은 더 깊이 빠지는 길이기 때문이다. 중독자가 찾는 것은 (자신도 모르는 채로) 궁극의, 중단 없는 '오르가즘'이며, '고조된' 상태이다. 그래서 이 마을에서

저 마을로, 항상 새로운 모험을 찾아 떠돌며, 새로운 여인을 찾아 헤매는 것이다. 그의 여인이 필멸성과 유한성과 나약함과 한계성을 그에게 보일 때마다, 이번만은 끝없는 오르가즘을 찾으리라 생각했던 그의 꿈이 깨지며, 그녀(혹은 세상, 신)와의 완벽한 합일을 꿈꾸던 환상의 흥분이 깨지면 말안장을 얹고 새로운 쾌락을 찾아 달려가는 것이다. 그에게는 남성적 즐거움을 주는 '해결책'이 필요하다. 정말로 그렇다. 단지 그것을 어디에서 찾아야 할지 모른다. 결국은 자신의 정신적 허기를 마약으로 달랠 뿐이다.

심리학자들은 중독자 원형에 지배당하는 남자들에게서 발생하는 문제들에 대해 '한계점 문제'라고 말한다. 중독자에 사로잡힌 남자들에게는 한계가 없기 때문이다. 앞서 얘기했듯 연인 원형은 한계를 정하는 것을 싫어한다. 더군다나 그 원형의 지배를 받게 된다면 한계가 있다는 사실을 견디지 못할 것이다.

중독자 원형의 영향을 받는 남자는 무의식의 지배를 받는 사람이며, 이 무의식은 자신의 무의식과 집단 무의식을 모두 포함한다. 그는 마치 거대한 바다에 압도당하는 것처럼 무의식에 압도당한다. 한 남자는 시카고 거리를 달리는 꿈을 반복적으로 꾸었다. 미시간호에서 수 마일에 이르는 거대한 파도가 밀려와 시어스 타워[71]가 물에 잠길 지경이었다. 그는 꿈속에서 고층빌딩 뒤에 몸을 숨기며 파도를 피해 달리고 또 달렸다. 그는

71 현재는 윌리스 타워라고 불리는 시카고의 초고층 빌딩. 108층 높이로 1998년까지 세계 최고층 건물이었다.

밤마다 잠을 설쳤다. 이 꿈 때문만이 아니라 홍수처럼 밀려드는 꿈이 너무 무서웠기 때문이다. 그의 의식적 자아와 무의식의 압도적 힘 사이의 경계가 불분명하다는 것이 나중에 밝혀졌다. 그의 자아는 무의식의 압도적인 힘에 침범당한 것이다.

무의식의 힘이 그에게 호수의 파도의 힘으로 나타났다는 것(마법사의 조수의 일화를 상기해 볼 것)은 무의식의 보편적 이미지가 성경에서 말하는 '혼돈의 심연'과 관련이 있다. 남성의 세계는 고대의 창조신화에 나오는 태초의 바다, 즉 혼돈의 심연에서 발생했다. 혼돈의 바다(무의식)는 많은 신화에서 여성의 이미지를 가지고 있다. 그것은 어머니이며, 남자 아기는 어머니에게 삼켜질지도 모른다는 두려움을 가지고 있다. 거대한 파도의 꿈을 꾼 남자도 현실에서 어머니와의 갈등에 압도되어 있었다. 그가 해야 할 일은 무의식의 '여성성'을 벗어나 남성 자아를 발전시키는 것이다. 그는 남성의 발달단계에서 '영웅' 단계로 돌아가 그의 실제 어머니와 신이자 모든 이의 어머니, 전능한 '어머니'와의 과도한 관계라는 용을 무찔러야만 한다.

중독자는 이 일을 방해한다. 중독자는 경계선을 허물어뜨린다. 그러나 경계선은 영웅적 노력으로 세워진 것이며 중독자 원형에 지배받는 이들이 해야 할 가장 중요한 일이다. 그는 더 이상 다른 사물과 일체가 될 필요가 없다. 그는 이미 많은 사물과 일체가 되는 경험을 했다. 그에게 필요한 것은 거리두기와 분리다.

우리는 어떻게 연인의 그림자 원형인 중독자가 소년 시절부터 어른이

〈아가베와 이노에게 찢기는 펜테우스〉, 기원전 5세기 그리스 채색 토기, 루브르 박물관
신화에서 펜테우스는 테베의 왕으로, 겉으로는 디오니소스 제의를 탄압하지만 속으로는 몰래 그것을 즐기고 싶어 한다. 그 결과 그는 광기에 빠진 어머니 아가베와 이모 이노에게 살해당한다. 원초적 욕망에 대한 이런 극단적 억압과 극단적 무절제의 양가적 태도는 어머니 또는 여성성에 대한 반감과 집착의 양극으로도 읽을 수 있다.

될 때까지 마마보이의 어머니에게 그대로 흡수가 되어버렸는지 알 수 있다. 중독자인 남자는 아직도 여전히 어머니 안에 있으며, 나오려고 애를 쓰고 있다. 영화《미시마》에는 인상적인 장면이 있다. 젊은 미시마가 금각사金閣寺(어머니, 무의식)의 이미지에 거의 집착하듯 사로잡히는 장면이다. 그것은 너무나 아름다워서 그에게는 거의 고통스러울 지경이다. 너무나 고통스러워서 그것으로부터 해방되기 위해 그는 불태워야만 했다. 그를 유혹하는 '여성적' 아름다움이 그를 남성답지 못하게 만들어서 그것을 파괴해야만 했던 것이다.

'여성적' 무의식의 혼란스러운 힘으로부터 분리되고, 그것을 억제해야 할 필요성은 남성의 성도착증을 설명하는 데도 도움이 된다. 특히 여성을 성노예처럼 만드는 것이나 폭력적 성행위로 수치심을 주는 행위가 그렇다. 미시마의 행위와 마찬가지로 이런 혐오스러운 행위는 무의식의 압도적인 힘을 무력화시키기 위해 '묶어' 놓으려는 시도라고 볼 수 있다.

만약 마마보이의 욕망이 금지된 것 — 즉 어머니 — 에 손을 대는 것이라면, 그래서 그가 인위적인 것이라고 하찮게 여기는 경계 — 즉, 근친상간 — 를 넘어서는 것이라면, 중독자는 이런 경계선이 왜 필요한 것인지에 대해 비싼 대가를 치르고 배워야 한다. 그는 그의 남성 구조의 결여, 규칙의 결여, 애정 행각과 권위 등의 문제가 결국은 그의 발목을 잡게 되리라는 사실을 알아야 한다. 그는 직장을 잃을 것이고, 그를 사랑하는 아내도 마침내는 그를 떠날 것이다.

우리가 충만한 연인 에너지와 접하지 못한다면 어떤 일이 일어날 것인가? 우리는 연인의 수동적 그림자 원형인 '무력한 연인'의 지배를 받게 될 것이며, 감정 없이 우리의 삶을 살아가게 될 것이다. 우리는 앞서 회계사가 표현했던 '무미건조함'과 '무덤덤함'을 느낄 것이며, 심리학자들이 '무감각증[72]'이라고 부르는, 열의나 활기가 없고 생기가 없는 상태가 된다. 쉽게 지루함을 느끼고 무력감을 느끼며 아침에 일어나기도 힘들고, 밤에 잠드는 것도 힘들다. 말할 때는 음의 높낮이가 없이 단조롭게 이야기하며, 가족이나 동료, 친구들로부터 차츰 멀어진다. 배가 고파도 식욕이 없으며 모든 것들이 성경의 전도서의 구절 '모든 것이 헛되도다'와 '해 아래 새것이 없나니'의 뜻을 느끼게 된다. 즉 우울증에 빠지는 것이다.

습관적으로 무력한 연인의 영향을 받게 되는 사람들은 만성 우울증에 시달린다. 그들은 다른 사람들과의 관계가 단절됨을 느끼고 스스로와도 단절되었다고 느낀다. 심리치료를 할 때 이런 증상은 흔하게 눈에 띈다. 치료자는 내담자의 표정이나 몸짓에서 어떤 감정이 드러나고 있는지 읽을 수 있다. 하지만 어떤 감정을 느끼고 있는지 질문하면 그는 자신의 감정에 대해 전혀 모른다. 대부분의 경우 이렇게 대답한다. "모르겠어요. 안개가 낀 것 같아요. 모든 게 흐릿해요." 이런 경우는 내담자가 정말로 '뜨거운' 것에 너무 가까이 있을 때 흔히 발생한다. 의식의 자아와 감정 사이에 장막을 치는 것이다. 그 장막이 우울증이다.

---

72 flat affect. 의학용어로 정동둔마(情動鈍痲)라고 하며, 정서적 표현이 결여된 상태, 전형적인 외형적 감정 반응 또는 감정적 긴장이 없거나 감소된 상태를 말한다.

이런 단절은 심리학에서 '해리 현상'이라고 부르는 매우 심각한 단계에 이를 수 있다. 이 단계에 이르면 환자는 자신에 대해 이야기할 때 3인칭으로 이야기한다. "나는 이런 것을 느낀다."가 아니라 "존은 이런 것을 느낀다."라고 말하는 것이다. 자기 자신을 현실로 인식하지 못하며 자신의 삶도 마치 영화를 보는 것처럼 느낀다. 이런 사람들은 심각하고 위험하게 무력한 연인에게 사로잡힌 것이다.

우리가 우울해지면 하고 싶은 일이나 해야 하는 일에 대해 아무런 의욕이 없어진다. 이런 증상은 노인들에게 특히 자주 일어난다. 그들의 신체적 약화, 고립, 쓸모 있는 일을 할 수 없게 된 것 등이 그들을 우울증에 빠져들게 한다. 삶에 대한 의욕은 사라지고, 연인은 아무 데도 없는 것처럼 느껴진다. 그들은 곧 음식을 만들어 먹는 것도 중단한다. 무엇을 위해 살아야할지 알 수 없다. 성경에서는 '희망이 없는 민족은 멸망한다.'라고 했다. 구체적으로는 연인의 모습을 상상하고 시각화할 수 없다면 사람들은 쇠퇴한다.

그러나 한 남자의 인생에 희망이 없어지는 것이 '무력한 연인'의 유일한 특징이 아니다. 발기가 안 될 수도 있고 성생활은 무기력해지며, 성적으로 아예 활동을 멈춘다. 성적 활동 중지란 지루함이나 파트너에게서 만족감을 못 느끼는 것, 관계에 대해 표출하지 않은 분노, 직장에서의 긴장과 스트레스, 경제적 압박감, 여성이나 다른 남성에 의해 자신의 남성성이 훼손됐다는 느낌 등 어떤 요인에서든 촉발될 수 있다. 무력한 연인의 지배를 받게 되면, 이 남자는 성을 모르는 상태의 소년으로 퇴보하거나 전사나 마법사, 혹은 전사와 마법사와 무력한 연인이 결합된 원형을 강하게 표출하게 된다. 그의 성적, 감각적 감수성은 다른 걱정들 때문에 뒷전으로 밀려난다. 파트너의 요구가 많아지면 그는 그림자 연인의 수동 극단으로 더 깊숙이 도망간다. 이런 경우에는 그림자 연인의 능동 극단인 중독자 원형이 지루한 일상을 떠나 완벽한 감각적 만족을 찾아 떠나라고 부추기는 것이다.

연인 에너지 접하기

자아 구조를 튼튼하게 유지하며 연인을 올바르게 접한다면, 우리는 삶과 삶의 목표와 일과 성취 등 모든 것과 관계를 맺고 연결되었음을 느끼며, 생기를 느끼고 열의와 동정심과 활기와 낭만을 느낄 것이다. 그것이 연인을 올바르게 접했을 때의 결과이며, 영성이기도 하다. 연인은 우리가 자신과 다른 이들을 위해 더 나은 세상을 만들고자 하는 열망의 근원에 있는 에너지다. 연인은 이상주의자이며 꿈꾸는 자다. 우리가 좋은 것들을 풍족하게 갖는 것을 원하며 "내가 온 것은 너희들이 생명을 얻게 하고 더 풍성히 얻게 하려는 것이라[73]"고 말한다.

연인은 다른 남성 에너지를 인간적이고 애정 넘치게, 그리고 서로 연결되도록 해주며, 그럼으로써 험난한 세상에서 고군분투하며 살아가는

73 요한복음 10장 10절을 살짝 고친 것. 원문은 "내가 온 것은 양으로 생명을 얻게 하고 더 풍성히 얻게 하려는 것이라"

인간들이 현실 세계에 더 잘 적응하도록 해준다. 왕, 전사, 마법사도 조화를 이룬다. 연인이 없다면 그들은 모두 삶과 동떨어진 원형이 될 것이다. 그래서 연인은 그들에게 활기를 불어넣어 주고, 인간답게 만들고, 그들에게 궁극적인 목표, 즉 사랑을 줄 필요가 있다. 그들이 가학적으로 되지 않기 위해서는 연인이 필요하다.

연인도 그들을 필요로 한다. 경계선이 없는 연인은 감정과 감각의 혼돈 속에 빠지며, 왕이 그에게 경계선을 그어주고, 단단한 구조를 주고, 혼돈에 질서를 내려주어서 창조적인 에너지가 되도록 해주어야 한다. 한계가 없다면 연인 에너지는 부정적이고 파괴적이다. 또한 연인은 꼼짝 못하게 옭아매는 감각의 거미줄을 결단력 있는 행동으로 단칼에 분리시켜줄 전사를 필요로 한다. 연인을 사로잡아 더 나아가지 못하게 만드는 '금각사'를 파괴해 주어야 하는 것이다. 또한 연인에게는 자신의 감정의 덫에서 한 발짝 물러나도록 도와줄 마법사도 필요하다. 사물에 대해 좀 더 객관적인 시각을 가지고 성찰하고, 거리를 두고 전체 그림을 관찰하고 표면에서 볼 수 없는 진실을 들여다보기 위해서다.

슬프게도 우리의 생명력과 '재능'에 대한 공격은 일찍부터 시작된다. 많은 사람들이 내면의 연인을 억압하며 살기 때문에 어떤 것에 대해 열정을 느끼기가 매우 어려워졌다. 우리가 가진 문제점은, 열정을 너무 지나치게 느끼는 것이 아니라, 열정을 거의 느끼지 못한다는 것이다. 우리는 더 이상 살아있다는 느낌을 가지기 힘들게 되었고, 우리가 살고자 하는 방식대로 살기 어렵다고 느낀다. 심지어 감정이라는 것이 남자에게는 어울

리지 않는 것이며 거추장스럽다고 느낀다. 하지만 우리 삶을 포기해선 안 된다. 내면에 숨은 삶의 기쁨과 자발성을 찾아야 한다. 그러면 삶을 더 풍요롭게 살 수 있을 뿐 아니라, 아마도 처음으로 진정한 삶을 살 수 있게 될 것이다.

결론
성숙한 남성의 원형적 힘에 접근하기

열대섬에서 살아가게 된 영국 소년들에 대한 윌리엄 골딩의 고전 소설, 《파리 대왕Lord of the Flies》이 최근 영화로 만들어졌을 때, 비평가들은 이 책을 다시 영화화한 이유에 대해 질문했다. 대답은, 이 영화가 최고의 영화는 아니지만, 이 작품이 어떤 형태로든 간에 지구상의 인간의 상황에 대해 직접적으로 강렬하게 말하고 있기 때문이라고 했다.

성숙한 남성의 전형(혹은 성숙한 여성의 전형)이 사람들의 삶을 지배했던 시기가 없었을 수도 있다. 우리는 지구상의 동물의 한 종으로서, 늘 '발달부진증'이라는 저주에 걸려있었던 것처럼 보인다. 가부장제도는 실제로는 '소년지배제도'였다. 어쩌면 우리 인간 세상은 골딩의 섬과 닮은꼴일지도 모른다. 그러나 오늘날의 반체계, 반조직, 반의식, 반상징 세상과는 달리 이전에는 적어도 구조와 체계(형식을 갖춘 의식)가 있었다. 한때 신성한 왕이 있었고 성숙한 남성의 에너지를 간접적으로 형성했다. 좋든 나쁘든 전사 에너지가 능동적이고 효율적으로 남자의 삶의 형태를 만들고 그들이 건설하는 문명의 틀을 잡았던 때가 있었다. 마법사 역시 소수만을 위한 특권이긴 했지만, 문제를 해결하고 예측할 수 없는 자연의 세상에 대해 어느 정도의 통제력을 인간에게 부여하는 데 도움을 주었다. 연인 또한 예언자나 동굴 벽화 예술가나 시인들을 높이 평가했던 문명에서는 존경을 받았다.

이 모든 것이 이제는 변했다. 모든 것들이 개인의 부의 축적이나 출세에 쓰일 뿐이다. 그러나 우리의 시대에는 성숙한 남성 에너지가 인류 역사상의 그 어느 때보다도 긴급하게 필요하다. 세상의 모든 문명이 조각조각 분열된 부족사회에서 더 완전하고 보편적인 세계로, 더 위대한 순간으로 다가가고 있는 바로 지금, 소년을 성인으로 바꿔주는 성인의식이 지구상에서 사라져버렸다는 것은 참으로 아이러니다. 생존을 위해 미숙함이 성숙함으로 바뀌어야 할 이 순간, 소년이 남성이 되고 소녀가 여성이 되며, 허세가 위대함으로 바뀌어야 할 이 시점에, 우리는 남성으로서의 자질만 가진 채 내동댕이쳐져서 우리 자신과 이 세상의 미래를 위해 홀로 싸워야만 한다. 이것은 필연적인 것일지도 모른다. 진화 과정은 네 가지 남성 원형을 모든 남자에게 심어놓았고 인류 역사의 각각 다른 시점에 불러내어 각각 다른 문제들을 해결하게 했으며 상상할 수도 없는 것들에 도전하게 만들었다. 혼돈 속에서 법을 만들어냈고, 엄청난 창조성과 생성력을 불어넣어 최초의 문명을 발생시켰으며, 내적, 외적으로 자연을 제어할 능력을 얻었고, 감사하는 마음을 가지고 사물과 관계를 맺도록 했다. 어쩌면 인류의 성장 과정은 현대 남성의 힘을 급진적으로 내면화하고 심리적으로 분석하는 능력을 주었을지도 모른다.

우리 시대가 아주 깊은 의미의 혹은 얕은 의미의 개인주의 시대라면, 개인이 되자. 위대한 개인, 고대 왕의 자비심과, 고대 전사의 용기와 결단력, 고대 마법사의 지혜와 연인의 열정을 가지고 우리에게 던져진 세상을 구하기 위해 기꺼이 도전에 응하는 위대한 개인이 되자. 예측 가능한 미래를 만들기 위해 세상 모든 남자들이 바빠져야 할 만큼 할 일이 많다.

이런 도전에 응할 수 있는 능력은 우리가 개인으로서 어떻게 우리의 미숙함을 극복할 수 있는지와 직접적으로 관련돼 있다. 우리가 소년 심리를 가지고 세상을 사는 남자에서 남성 원형에게 지배받는 진정한 남성으로 얼마나 잘 변모하는지가 이 세상의 상황을 어떻게 변화시키는지에 결정적인 영향을 미칠 것이다.

기술

우리는 이 짧은 책에서 문제의 개요를 살펴보았다. 미숙함과 성숙함의 에너지 형태에 대해 기술했고 각 원형들이 어떻게 연관되어 있고, 어떻게 발현이 되는지, 그림자 원형과 충만한 형태에 대해서도 서술했다. 그리고 원형을 접하기 위한 기술에 대해서도 간략하게 언급했다. 남은 부분에서 우리는 성숙한 남성 원형에 적절하게 접하기 위한 기술을 다뤄보려고 한다.

이를 위한 첫 단계는 스스로에 대한 비판적인 자기 평가다. 우리는 그림자 원형이 우리 삶에서 보이는지 자기 자신에게 묻는 것은 소용이 없다고 말했다. 우리가 물어야 할 현실적이고 정직한 질문은 그것이 '어떤 방식으로' 나타나는가다. 소년 심리에서 성숙한 남성 심리로 가는 길은 겸손해지는 것이다. 겸손은 굴복과는 다른 것이다. 우리는 누구에게도 자기 자신이나 다른 사람의 손에 자신을 맡기고 굴복하라고 요구하지 않으며 오히려 그 반대다. 하지만 겸손해야 할 필요가 있다. 진정한 겸손함에는 두 가지 요소가 있다. 하나는 자신의 한계를 아는 것이고, 또 하나는 필요한 도움을 얻는 것이다.

도움을 얻을 수 있다고 가정했을 때, 우리 인생에서 부족한 긍정적 에너지 원천에 접하기 위한 네 가지 중요한 기술을 살펴보도록 하자.

능동적 심상화

첫 번째 기술은 심리학에서 능동적 심상화Active Imagination Dialogue라고 불리는 기술로서, 의식적 자아로 하여금 내면에 있는 다른 무의식 존재나 의식 존재, 다른 관점 등과 대화하게 하는 것이다. 이런 각각 다른 관점 뒤에서 때때로 희미한 형태의 원형들 — 긍정적 형태와 부정적 형태 모두 — 이 보인다. 사실은 우리 모두 자신과 평소에 대화를 나누고 있다. 하지만 '혼잣말'에 그친다면 능동적 심상화의 효과가 거의 없다. 서양 농담 중에 이런 게 있다. "스스로 대답하는 게 아니라면 혼잣말도 나쁘지 않다." 하지만 우리는 항상 우리 자신에게 어떤 방식으로든 대답하는 중이다. 때로는 큰 소리로, 때로는 마음속으로 자신에게 대답한다. 우리의 의지와 상관없이 우리 인생에서 일어나는 사건이나 사람들을 통해 답하는 경우도 많다. 우리는 싫어하는 견해나 태도를 취함으로써 자신에게 대답하기도 한다.

모든 사람들에게는 고위급의 회의에 가서 무슨 말을 할지, 혹은 일처리를 제대로 못 한 수리점에 가서 어떻게 소리를 지를 것인지 계획하고는 실제로는 다른 행동을 하거나 다른 말을 해본 경험이 있다. 회의에서 그는 차분하고 단호한 태도로 자신의 의견을 말하려고 했다. 하지만 다른 사람들이 화를 내기 시작하자 자신도 갑자기 화가 나서 다른 사람들보다 더 큰소리를 쳤다. 자동차 수리점에 갔을 때, 그는 장황한 말을 계획하고 갔으나 점원의 이해심 많은 대답에 금방 말문이 막혀 버렸고 금세 고분고분해졌다. 점원이 단지 그를 달래주려고 하는 것뿐임을 아는 데도 그랬다. 2천 년 전 바울은 매우 실망하여 스스로에게 물었다. "나는 왜 내가 원하지 않는 일을 하는 걸까? 내가 정말로 원하는 것은 왜 못하는 걸까?" 상황이 끝나고 나면 우리는 스스로에게 말한다. "나한테 무슨 일이 일어난 건지 이해를 못 하겠어."

우리에게 일어난 일, 우리가 계획했던 말과 행동을 바꾼 것은 심리학에서 '자율 콤플렉스Autonomous Complex'라고 부르는 것이며, 그 뒤에는 양극의 그림자 원형 중 하나가 있다. 이 반항적이고 부정적인 에너지 형태를 만나면 항상 나중에 후회하게 될 말이나 행동을 하게 된다.

능동적 심상화는 실제 대화나 간부회의, 원격 미팅 등에 유용한 기술로서, 우리의 얼굴을 가진, 시간제한도 없고 보편적인 원형을 가지고 하는 기술이다. 능동적 심상화에서는 우리는 한 명, 혹은 여러 명에게 우리의 관점을 말해 주며 대화한다. 그리고 그들의 대답을 경청한다. 이것을 글로써, 자아의 생각과 느낌과 '상대방'의 생각과 느낌을 적는 게 최적인 경우가 많다. 성공적인 간부회의에서처럼 우리에게는 상대방의 말에 동의하지 않을 권리가 있다. 아주 적대적인 환경에서는 가능하다면 잠깐이라도 휴전을 맺을 필요가 있다. 이런 방식의 연습은 상대편을 측정하고 가능한 한 많은 카드를 가지도록 도와준다. 미리 경고를 받는 것은 미리 대비하는 것이다.

이 연습은 처음에는 이상해 보인다. 하지만 대개의 경우 잠깐 동안 글로 써보는 것이 모든 남자 심리의 다른 시각의 실제를 드러내 준다. 당신이 처음에 빈칸을 그리는 일이 일어날 수도 있다. 그러나 자신에게 계속해서 말을 걸다 보면 마침내는 답을 얻을 것이다. 당신이 얻은 답이 충격적일 수도 있고 안심시켜줄 수도 있지만 어쨌든 답을 얻게 될 것이다.

주의 한 마디. 당신이 맞닥뜨린 상황에서 정말로 적대적인 존재, 심리학자들이 내부 박해자라고 부르는 존재를 만난다면, 연습을 멈추고 심리상담가와 상담하는 것이 좋다. 우리 대부분은 내부 박해자와 내부 조력자를 모두 가지고 있다. 하지만 내부 박해자가 너무나 악랄해서 계속 대화를 하기 위해서는 도움이 필요할 수도 있다. 이들 중 하나와 만날 것 같다고 여겨지면 대화를 시작하기 전에 긍정적인 원형 에너지를 불러일으켜야 한다. (다음 부분에서 주문 걸기에 대해 얘기할 예정이다.) 한 가지 덧붙이자면, 당신은 한 가지 이상의 시각을 접할 수 있다. 그럴 땐 그 대화가 간부회의라고 생각하고 각자가 하는 말을 잘 들어야 한다.

아래에 능동적 심상화 연습의 예가 있다. 자신의 콤플렉스 중 하나(사기꾼 원형)와 대화한 사람은 직장에서 곤경에 처했고 경영진의 무능함에 대해 비판적인 말을 자제할 수 없었다. 대부분은 정확한 관찰에서 얻어진 비판이었지만. 그는 동료들 앞에서 상사를 조롱했고 직장에 제시간에 출근하지 못했으며 회의 중에는 집중하지 못하고 몸을 들썩이고 때로는 상사와 1대 1로 충돌하곤 했다. 다음은 그가 이런 식으로 행동하게 된 원인을 찾기 위해 앉았을 때 벌어진 일이다.

자아: 넌 누구야? (잠시 침묵) 넌 누구지? (침묵) 네가 원하는 게 뭐야? (긴 침묵) 네가 누구든 간에 네가 날 곤경에 빠뜨렸어.

사기꾼: 재밌지 않아?

자아: 누가 있긴 있구나.

사기꾼: 똑똑한 척하지 마. 당연히 누군가 여기 있지. 나도 너한테 똑같은 말을 해주고 싶다. "불이 켜져 있는데 아무도 집에 없네."라고 말이야.

자아: 나한테 원하는 게 뭐야?

사기꾼: 생각해볼게. (침묵) 넌 내가 원하는 게 뭔지 알잖아. 바보야. 난 네 인생을 비참하게 만들고 싶어.

자아: 왜?

사기꾼: 왜? (놀리듯이) 재밌으니까. 너는 네가 엄청 잘난 줄 알잖아. 네가 해고당했다고 생각해 봐. 재미있겠다.

자아: 넌 누구야?

사기꾼: 내 이름이 뭔지는 중요하지 않아. 중요한 건 내가 여기 있다는 거지.

자아: 왜 내 삶을 비참하게 만들고 싶지? 왜 넌 그게 재미있어?

사기꾼: 넌 비참한 삶을 살아 마땅하기 때문이지. 내가 비참하거든.

자아: 넌 왜 비참한데?

사기꾼: 네가 나한테 한 짓 때문이지.

자아: 내가 너에게 한 짓?

사기꾼: 그래. 나쁜 놈아.

자아: 내가 너에게 무슨 짓을 했는데?

사기꾼: 나한테 관심도 없으면서 관심 있는 척하지 마.

자아: 난 관심 있어. 네게 신경 쓰고 싶어.

사기꾼: 그렇겠지. 네가 불편하니까.

자아: 맞아. 너와 나는 우리 사이에 있었던 일을 해결해야 돼.

사기꾼: 아니, 그렇지 않아. 넌 해고당해야 돼.

자아: 네가 그렇게 하도록 내버려 두지 않겠어.

사기꾼: 막을 수 있으면 막아 보시지.

그렇게 서로 비난하며 불신의 말을 주고받다가 남자의 자아와 내부의 인물인 사기꾼은 진지한 대화를 나누기 시작했다.

사기꾼: 넌 세상에 대한 네 감정을 억누르고 있어. 모든 느낌들을. 넌 겁쟁이야. 내가 네 감정이야. 진짜 감정. 나는 때때로 화를 내고 싶고 진짜로 기

빼하고 싶어. 그런데 넌 그냥 겁먹고 아무 것도 안 하잖아. 잘난 척하면서. 네가 잘난 게 있다면 그건 나의 잘난 점이지. 내가 진짜 너야.

자아: 난 네 친구가 되고 싶어. 그리고 너는 내 뜻대로 해줘야 돼. 넌 내가 아니야. 난 내 생각이 있고 네가 내 얘기를 들어줬으면 해. 하지만 정말 새롭게 시작할 거야. 동시에, 네가 내 직장에서 아무 말이나 하도록 내버려 둘 수 없어. 내가 직장을 그만둬서 배고프게 되면 너도 배고프게 되는 거야. 우리는 여기서 같은 입장이야. 너도 알지?

사기꾼: 그래. 알았어. 하지만 너도 나한테 신경을 써야 돼. 휴가철이 다가오는데 올해엔 어딘가 가고 싶어. 포도주, 여자들, 노래! 그래. 너 옷을 좀 사야겠다. 그리고 표도 사야 하고. 열대 지방이 좋겠어. 그리고 보자…. 겁먹지 말고. 난 섹스도 하고 싶어!

자아: 좋아. 협상하자. 회사에서는 너무 나를 압박하지 마. 안 그러면 영원히 휴가 중일 테니까.

사기꾼: 원래 그 생각이었지. 나는 네가 어떤 종류든 휴가를 가도록 만들 참이었어. 우리 거래 잊지 마.

자아: 안 그럴게.

사기꾼: 그렇다면 우리 합의한 거다.

내부 '반대자'(대개 미성숙한 남성 에너지 형태)와 대화를 하면 그의 힘을 상당 부분 약화시킬 수 있다. 그들이 진짜 원하는 것은, 마치 아이들처럼 신경을 써주고, 존중해주고, 진지하게 받아주는 것이다. 그리고 그들에게는 그런 대우를 받을 권리가 있다. 그들을 일단 받아들여 주고, 감정을 가치 있는 것으로 인정해 주면, 그들은 더 이상 우리 삶에서 눈에 띄는 행동을 할 필요가 없어진다.

이 갈등은 화기애애하게 끝을 맺었다. 그리고 이전에 아무 관계도 맺지 못했던 둘은 이 남자의 인생에서 균형을 맞춰줄 수 있는 원천이 되었다. 사기꾼은 마침내 그의 허세를 없앨 수 있었고, 이렇게 한 이유는 그가 그동안 소홀히 해왔던 성격의 양상을 채워주기 위해서였다. 내부 박해자로 시작했던 이 원형은 평생의 친구가 되었다.

다음에 보게 될 능동적 심상화의 예에서 남자의 자아는 그의 인격의 대립되는 두 가지 측면에 대한 심판 노릇을 했다. 하나는 미성숙한 영웅의 에너지고, 다른 하나는 연인 에너지다. 두 개의 원형은 남자의 인생에서 여자를 어떻게 대해야 할 것인가에 대해 갈등을 빚었다. 영웅은 그녀를 정복하고 싶어 하고, 연인은 그녀와 상호적인 관계를 맺고 싶어 했다. 대화는 다음과 같이 흘렀다.

자아: 자, 너희들 둘 들어봐. 문제가 생겼어. 게일이 브라질에 우리를 빼놓고 놀러간대. 영웅, 넌 그녀한테 이걸 따지고 헤어지자고 하고 싶지? 여행을 취소하던가, 브라질에 가는 대신 시카고에 널 보러 오든가, 이것도 저것도 안 되면 그냥 헤어지자고 하고 싶지? 그리고 너 연인은 그냥 가게 해주고 무슨 일이 있든 그녀를 사랑하는 거고. 그렇다면 어떻게 할지 결정해야 할 것 같다.

영웅: 그녀는 너무 이기적이야! 늘 그렇듯이 충동적으로 행동해서 나를 당황스럽게 만들어. 나에 대해서는 전혀 배려가 없어. 위험한 여자야. 그녀와 관계를 유지하려면 규칙을 정해야 해.

연인: 그래. 하지만 그러면 재미가 없어져. 그녀가 스스로 우리랑 같이 있고 싶어져야지 그렇지 않으면 무슨 소용이야. 그녀를 네 맘대로 하려고 하면 참사랑은 물 건너가는 거야.

영웅: 그런 낭만적인 소리 하지 마! 넌 가만히 누워서 편안하게 이 문제를 생각하지만 난 그럴 수가 없다고! 넌 어떻게 그런 이기적이고 충동적인 여자와 살아갈 생각을 할 수 있지?

연인: 왜냐하면 그녀가 이기적이고 충동적이라도 내가 사랑하는 여자이기 때문이지.

영웅: 하지만 이런 여자와는 안정적인 관계를 가질 수 없어!

연인: 그녀가 원하지 않는데 네가 원하는 걸 강요하는 것도 안정적인 관계가 될 수 없어. 사랑은 그냥 사랑의 순수한 기쁨을 사랑하는 거야.

영웅: 그래. 넌 사랑의 순수한 기쁨으로 살 수 있을지 모르겠지만 난 아니야. 난 그녀의 의지를 꺾든가, 아니면 차라리 싸우다 죽을 거야.

연인: 너희들의 관계가 죽는 거겠지.

자아: 좋아. 너희들 각자의 생각을 들었으니까 이제 합의점을 찾아보자. 너희들 둘의 생각은 다 옳아. 하지만 둘 다 지나친 면이 있어. 영웅이 관계에 합리적인 경계선을 두어야 한다는 건 옳아. 그 경계선은 우리 모두가 합의하는 것이어야겠지. 게일이 시카고에 오는 대신 브라질에 간다는 건 사

실 참아주기 힘든 일이야. 연인이 이 관계를 끝내고 싶어 하지 않는 것과 게일의 경계선과 희망을 존중해주고 싶어 하는 것도 옳아. 하지만 연인은 이것을 알아야 해. 인간의 사랑은 경계선이 있어. 무한할 수 없는 거야. 사랑 자체에는 한계가 없을 수도 있지. 하지만 우리의 사랑은 그렇지 않아. 그러니 경계선을 정하고 동시에 게일을 사랑하도록 하자.

영웅은 연인의 영향으로 자신의 두려움과 분노를 용기로 바꾸고 경계를 정하는 것에 합의할 수 있었다. 이것은 게일도 원하던 것이었기 때문에 게일은 브라질에 가지 않았고 그들의 관계는 더 성숙한 관계가 되었다. 남자의 분리되었던 심리 원형들은 통합되었다.

주문 걸기

두 번째 기술은 주문 걸기라고 불린다. 이것은 우리가 충만한 남성 원형을 긍정적인 에너지 형태로서 접하는 것을 의미한다. 이 방식 역시 처음에는 이상해 보일 수 있다. 그러나 잠시 생각해보면, 우리가 이것과 비슷한 것을 항상 하고 있다는 것을 알게 될 것이다. 우리는 자신도 모르는 사이에 심리학을 응용하며 살아간다. 대부분의 경우, 우리에게 도움이 되거나 도움이 되지 않을 이미지나 생각을 불러일으키는 것이다. 우리의 정신은 소리와 장면과 단어로 가득 차 있고, 그것들 중 많은 것들이 원치 않는 것이다. 이것을 확인하기 위해서는 잠시 눈을 감고 있으면 된다. 어둠 속에서 이미지들이 떠오르고, 내면의 '귀'로 간신히 들을 수 있는 생각들이 떠오를 것이다. 능동적 심상화가 의식적인 것으로 자신에게 집중하여 말하는 방식이라면, 주문 걸기는 의식을 집중해서 원하는 이미지를 불러내는 것이다. 이미지를 너무 깊이 파헤치면 우리의 기분이나 태도, 사물을 보는 방식이나 우리가 하는 일들에 영향을 미칠 수 있다. 그러므로 어떤 생각이나 이미지로 우리 삶에 주문 걸기를 하는지가 중요하다. 다음은 이미지 불러내기 혹은 주문 걸기를 하는 방식이다.

가능하다면 조용한 시간과 장소를 찾아서 당신의 마음을 최대한 비우고 긴장을 푼다. 다시 한번 말하지만, 당신이 할 수 있는 한 최선을 다해야 한다. (이 과정을 위해 필수적인 것은 아니지만 긴장을 푸는 운동을 하는 것이 도움이 된다.) 머릿속에 떠오르는 이미지와 입 밖에 낸 말(혹은 머릿속으로 한 말) 두 가지 모두에 일치하는 이미지에 집중한다. 왕, 전사, 마법사, 연인의 이미지를 잠시 보는 것도 도움이 된다. 이 이미지들을 당신의 주문 걸기에 활용하는 것이 좋다. 로마 황제가 왕좌에 앉아있는 이미지 — 영화의 한 장면일 수도 있고, 그림일 수도 있다 — 를 찾아냈다고 가정해 보자. 이 연습을 하면서 당신 앞에 놓인 이미지를 본다. 긴장을 풀고 근육을 이완하며 이미지에 말을 건다. 그리고 당신의 깊은 무의식을 그 이미지에 결합한다고 생각을 한다. 자아로서의 당신은 그와 분명히 다르다는 것을 자각해야 한다. 상상 속에서 당신의 자아를 그의 부하라고 생각한다. 그의 침착함과 힘을 느끼고 당신을 향한 그의 균형 잡힌 자비심과 그가 당신을 지켜보고 있음을 느껴본다. 당신이 그의 왕좌 앞에 서 있으며 당신들의 앞에 청중들이 있음을 상상한다. 그에게 '기도'한다. 그에게 당신이 그를

《로스의 노래》의 권두 삽화, 윌리엄 블레이크(William Blake), 1795년, 미국 의회도서관
창조적 이성과 질서의 상징인 우리젠이 자신이 창조한 세계 앞에 꿇어앉아 기도하고 있다. 블레이크는 인간 내면의 힘과 원형적 존재들에 큰 관심을 가지고, 신비적 시와 그림으로 표현하였다.

필요로 하며, 그의 권력과 호의, 질서, 남자다움의 도움이 필요하다고 말한다. 그의 인자함과 선한 성품에 의지한다.

한 젊은이가 자신의 성적인 측면이 느껴지지 않는다며 심리치료를 받으러 왔다. 그는 여성들과 '화학적인' 유대관계를 맺을 수가 없었다. 그는 그 무엇보다도 자신을 사랑해주고, 짜릿한 성생활을 함께 즐길 수 있으며, 결혼할 수 있는 여성을 만나고 싶어 했다. 그의 치료를 위해 내린 처방 중 하나는 그리스 사랑의 신인 에로스의 이야기 중 특히 큐피드(에로스)와 프시케의 이야기를 읽고, 에로스에게 관능과 매력을 다시 느낄 수 있도록 도와달라고 기도하는 것이었다. 그가 연인의 이미지에 주문 걸기를 시작한 지 얼마 안 되어 그는 유람선 관광을 떠났다. 그곳에서 그는 예기치 않은 아름다운 여자를 만났고 그녀는 그가 이제까지 만난 남자 중 가장 남자답고 잘생긴 남자라고 생각했다. 그는 내면에서 새로이 발견한 에로스의 힘과 광채로 채워져 있었고 그녀는 그의 에로스를 체험했다. 그녀는 심지어 그에게 이렇게 말했다. "당신은 신처럼 잘생겼어요!" 유람선에서 며칠 동안 그들은 정열적인 밤을 함께 보냈고, 그의 인생에서 가장 놀라운 성경험이었다. 그들은 유람선 여행이 끝난 후에도 계속 연락을 주고받았고, 1년 후 임신 상태로 결혼했다. 그는 그의 새로이 얻은 풍요로운 삶을 연인의 이미지를 보며 주문 걸기를 한 덕이라고 말한다.

또 다른 남자는 자신감 있는 태도와 남자다운 행동 때문에 여러 명의 여성 동료들에게서 공격을 받았다. 그는 자신의 책상 위에 놓인 수정 피라미드에서 힘을 얻었다. (피라미드는 남성의 자기Self를 상징하는 형태다.) 견디지 못할 지경이 될 때마다 그는 60초씩 숨을 돌렸다. 피라미드를 보며 내면을 들여다보았고 그의 남성다움에 대한 감정적 공격이 피라미드 옆면에 부딪혀 산산이 부서지는 상상을 했다. 파도치는 감정은 항상 뒤로 물러나고 분노는 사라졌다. 그의 직장의 상황이 개선되지는 않았지만, 그는 대부분의 경우 감정의 평온함과 침착함, 무게감을 유지할 수 있었고, 더 나은 직장을 찾을 수 있었다. 한낮의 바쁜 시간에는 주문 걸기를 제대로 할 수 없다. 하지만 늦은 밤이나 이른 아침에는 충분히 할 수 있다. 그들은 촛불을 켜거나 향을 피우고 원형의 이미지 앞에 앉아서 고대의 방식이지만 적절한 방식으로 원형을 불러내는 의식을 치렀다.

우리가 제시하는 방식은 종교에서 기도라고 말하는 것과 비슷한 것이다. 기도는 의식과 함께 신을 접하는 방식이다. 우상숭배와는 달리 그리스 정교회의 성상이나 로마 가톨릭교회의 조각상들은 신자들이 이미지를 불러내는데 집중할 수 있도록 도와주는 역할을 한다. 성인이나 신의 이미지가 신자들의 마음에 뚜렷이 새겨져서 그들은 더 이상 에너지를 느낄 수 있는 이미지를 찾을 필요가 없다.

남자 존경하기

같은 맥락으로 '존경하기'의 기술이 있다. 성숙한 남자들은 산 사람이든 죽은 사람이든 다른 사람들을 존경할 필요가 있다. 특히 존경할 만한 나이든 연장자를 접할 필요가 있다. 개인적으로 아는 사람이 아니라면 그들의 자서전을 읽고 그들의 말과 행동에 익숙해져야 한다. 이 사람들이 완벽할 필요는 없다. 왜냐하면 완벽함 — 온전한 남성의 실현 — 은 결코 성취할 수 없는 것이기 때문이다. 하지만 온전해지기 위해 노력하는 것은 가능하며, 모든 남성들은 노력할 책임이 있다. 특히 우리의 취약한 부분, 우리의 심리가 약해져서 그림자 원형에 사로잡힌 그 부분들에서 주문 걸기를 통해 우리에게 부족하지만 다른 사람에게서는 찾아볼 수 있는 힘을 불러들여야 한다. 우리가 삶에서 전사 에너지가 더 필요하다면 우리는 이집트의 파라오 람세스 2세나 19세기 줄루족의 항거 당시 용감하게 영국군에 대항한 줄루족의 추장과 그의 부하들, 혹은 조지 패튼 같은 이들의 전사 원형의 영혼을 인식하고 인정해야 한다. 좀 더 적절하게 왕의 에너지에 접하려면 에이브러햄 링컨이나 호치민의 삶을 연구해야 한다. 연인 에너지가 더 필요하다면 레오 버스카글리아[74]의 연인 에너지를 연구해보면 된다.

중요한 점은, 우리가 불러오는 이미지나 생각들이 우리에게 사물이 어떻게 보이는지를 규정할 뿐 아니라 그것들이 실제로 어떤 모습인지도 규정한다는 것이다. 내면의 성숙한 남성의 원형을 접하게 되면 외부 환경과 삶의 기회도 달라진다. 내면세계가 바뀌면 어려운 상황에 대처하는 능력이 향상되고, 우리에게나 우리가 사랑하는 사람들, 직장, 대의, 나아가 세계를 위해서도 더 유리한 결과를 이끌어낼 수 있게 된다.

---

74 Leonardo Buscaglia. 'Dr. Love'이라고도 알려졌으며, 미국 작가이자 동기부여 연사, 서던 캘리포니아 대학교의 특수교육과 교수

이와 관련된 격언이 있다. "네가 원하는 것을 빌 때 조심해야 한다. 그것을 가지게 될 수 있으니." 긍정적 사고의 힘에 대해서는 많이 들어봤을 것이다. 그 말은 우리 대부분이 생각하는 것보다 진실이다. 그러므로 우리가 남성 에너지와의 관계에서 어떤 위치에 있는지 평가해 볼 때, 혹은 그림자 원형과의 대화를 할 때, 우리는 의지를 가지고 집중해서 충만한 형태의 원형을 불러내야할 것이다.

'원형처럼' 행동하기

성숙한 남성의 원형을 접하는 또 다른 기술이 있다. 너무 명백해서 간과되기 쉬운 기술이기 때문에 간략하게라도 언급을 해야 한다. 이것은 배우가 자신의 배역을 '느끼지' 못할 때 배역에 몰입하기 위해 사용하는 기술이다. 원고에 있는 배역의 성격을 제대로 파악할 수 없다면, 아예 그 사람이 된 것처럼 행동하고 말한다. 즉, '배역의 인물처럼' 행동하는 것이다. 당신이 얼마 전에 실직을 했거나 아내가 당신을 떠났다 해도 무대에서는 왕처럼 행동해야 한다. '공연은 계속되어야만 한다The show must go on'. 당신이 맡은 부분을 잘 연기해내야 다른 배우들도 성공적으로 연기할 수 있다. 그러니 원고를 들고, 왕의 대사 부분을 읽고 왕좌에 앉아 왕처럼 행동하는 것이다. 믿거나 말거나, 당신은 왕이 된 기분이 들 것이다.

연인 에너지를 더 접해야만 할 때, 해가 지는 것이 아무런 감흥을 주지 못한다 해도 밖으로 나가 지는 해를 진지하게 보라. 마치 그것을 마음속 깊이 감탄하는 것처럼 쳐다봐야 한다. 지는 해의 색깔을 보고 아름답다고 생각하도록 애쓰는 것이다. 자신에게 이렇게 말해도 좋다. "와, 저 주황색과 붉은색을 봐. 그리고 미묘하게 푸른색이 보라색으로 변하는 것을 봐." 정말 이상해 보이겠지만, 당신은 해가 지는 것에 점차 흥미가 생기는 것을 느낄 것이다.

전사 에너지를 좀 더 접해야 한다면, 우선 TV 앞에서 일어나 밖으로 나가서 활기차게 걸어야 한다. 무술을 시작해도 좋다. 아니면 운동을 한 가지 배워도 좋겠다. 책상 위에 쌓인 지불되지 않은 청구서를 정리하는 것을 시작해도 좋다. 일어나서 움직이고 행동을 시작하라. 그러면 당신의 삶의 여러 분야에서 자신이 전사처럼 행동하고 있다는 것을 느낄 것이다.

마법사 에너지가 필요할 때에는, 누군가 당신의 지혜를 구하러 오면 지혜가 있는 것처럼 행동하라. 마치 당신이 아주 도움이 되고 통찰력이 있는 것처럼 굴어야 한다. 억지로라도 그 사람의 말을 들어줘야 한다. 당신의 마음에서 당신의 문제와 일정을 걷어내고 그 사람 혹은 그녀의 문제에 귀를 기울여 주어라. 그리고 최대한 사려 깊게 그 사람에게 당신의 지혜를 나눠 주어라. 우리는 모두 자신이 생각하는 것보다는 지혜를 많이 가지고 있다.

마지막 조언 한마디

이 책에서 우리는 남자들이 미성숙한 남성 원형의 파괴성에 대해 책임을 지는 것에 대해 얘기했다. 동시에 이 세상은 미성숙한 남자들뿐 아니라 폭군 같은 남자, 그리고 성인인 척하는 미성숙한 여자들로 가득 차 있다. 이제는 남자들, 특히 서구 문명의 남자들이 이 세상에 잘못된 것에 대한 비난을 더 이상 감내하지 말아야 한다. 그야말로 남성에 대한 전면전이 있었고 남자들은 악마화되었고 남성성에 대한 중상모략이 넘쳤다. 하지만 여성들이 태어나면서부터 남성들에 비해 더 책임감이 있거나 더 성숙한 건 아니다. 예를 들어 아기 의자 폭군은 남자에게서나 여자에게서 나타난다. 남자는 남성임에 대해 절대로 수치심을 느낄 필요가 없다. 그들은 성숙해지는 것에 대해 생각하고, 더 훌륭한 남성이 되는 것에 대해, 그리고 더 큰 세상에 대해 생각해야 한다. 남성의 적은 여성이 아니고, 여성의 적은 남성이 아니다. 그들의 적은 유치한 허세와 거기에서 비롯된 자기Self의 분열이다.

마지막 격려의 말은, 인생도 그렇듯이 어떤 변화 과정도 시간과 노력이 필요하다. 우리는 의식적인 분야에서 우리가 해야 할 일을 해야 한다. 강력한 힘을 가진 무의식 분야는 적절하게 접근한다면 우리의 질문과 필요성과 상처에도 치유와 생성으로 답할 것이다. 성숙을 위한 노력은 심리적, 도덕적, 영적으로 매우 중요하다.

조지프 캠벨은 마지막 저서 《외부 세계로 뻗는 내면 세계The Inner Reaches of Outer Space》에서 인류의 책임감과 성숙함을 시작하는 것에 도움을 줄 입문의식에 대해 자각해야 한다고 말했다. 입문의식은 내면의 세계가 바깥으로 뻗어 나가는 계기다. 우리는 역경을 헤치고 삶과 가르침을 통해 파리대왕의 지배 — 즉, 유치한 분노 속에 숨은 종말론적 환상 — 를 종식시킨 많은 남성들에게 우리의 목소리를 더하고 싶다. 만약 현대의 남자들이 소년에서 남성이 되는 입문의식을 조상들처럼 수행할 수 있다면, 우리는 아마도 우리 인류의 종말이 아니라 시작을 목격하게 될 것이며, 오디세우스가 스킬라와 카리브디스 사이[75]를 빠져나온 것처럼 허세와 맹목적 종족주의라는 진퇴양난을 극복하고 왕, 전사, 마법사, 연인이 우리에게 남겨 준 신화와 전설보다도 더 멋지고 창조적인 미래로 나아갈 수 있을 것이다.

---

75 Between Scylla and Charibdys : 영어에서 쓰이는 관용구이며 진퇴양난의 의미로 쓰인다. 즉, 이러지도 저러지도 못하는 딜레마에 빠진 상황에 처했을 때 이러한 표현을 사용한다. 스킬라와 카리브디스는 그리스 신화 속의 바닷가에 사는 암놈의 괴물들이다. 전쟁을 끝낸 오디세우스는 귀향하며 첫 번째 코스인 좁은 해협에 이르는데, 양쪽에서 스킬라와 카리브디스가 버티고 서 있자, 그는 스킬라를 선택하고, 부하 6명만을 내어주고 해협을 통과하였다. 즉, 이 신화는 어떤 어려운 문제에 부딪혔을 때, 보다 피해를 덜 받는 쪽으로 선택을 해야 하는 순간을 의미할 때 사용된다. -위키백과

감사의 글

이 책을 출간할 수 있도록 격려해 준 로버트 블라이, 초고를 세심하게 읽고 조언해 준 마거릿 섀너헌과 그라시엘라 인판테, 로버트 무어의 강연 테이프를 한 치의 오차도 없이 정확하게 기록해 준 패트릭 뉴젠트, 하퍼샌프란시스코의 편집 및 출판 팀, 특히, 이 책에 제시된 남성 심리의 새로운 접근 방식으로 개인적 경험을 성찰하며 저자들의 깊이 있는 이해에 도움을 준 많은 분들에게 깊은 감사의 뜻을 전한다.

참고 도서

행동학, 인류학

Ardrey, Robert. *African Genesis*. New York: Dell, 1961.

______, *The Territorial Imperative*. New York: Dell, 1966.

Gilmore, David D. *Manhood in the Making: Cultural Concepts of Masculinity*. New Haven, CT: Yale Univ. Press, 1990.

Goodall, Jane. *The Chimpanzees of Gombe*. Cambridge, MA: Harvard Univ. Press, 1986.

Turner, Victor. *The Ritual Process*. Ithaca, NY: Cornell Univ. Press, 1969.

빅터 터너, 《의례의 과정》, 박근원 옮김, 한국심리치료연구소, 2005

비교신화학, 종교학

Eliade, Mircea. *Cosmos and History*. New York: Harper & Row, 1959.

______, *Patterns in Comparative Religion*. Cleveland, York: Macmillan, 1963.

______, *The Sacred and the Profane*. New York: Harcourt, Brace & World, 1959.

Frazer, James G. *The Golden Bough*. New York: Macmillan, 1963.

미르체아 엘리아데, 《종교형태론》, 이은봉 옮김, 한길사, 1996

제임스 프레이저,《황금가지》, 이용대 옮김, 한겨레출판사, 2003

칼 융 심리학

Campbell, Joseph, ed. *The Portable Jung*. New York: Viking, 1971.
Edinger, Edward F. *Ego and Archetype*. New York: Viking, 1972.
Jacobi, Jolande. *Complex, Archetype, Symbol*. Princeton, NJ: Princeton Univ. Press, 1971.
Stevens, Anthony. *Archetypes: A Natural History of the Self*. New York: William Morrow, 1982.

소년 심리학

Campbell, Joseph. *The Hero with a Thousand Faces*. Princeton, NJ: Princeton Univ. Press, 1949.
Golding, William. *The Lord of the Flies*. New York: Putnam, 1962.
Miller, Alice. *For Your Own Good: Hidden Cruelty in Child-Rearing and the Roots of Violence*. Trans. by Hildegarde and Hunter Hannum. New York: Farrar, Straus, Giroux, 1983.

조지프 캠벨,《(천의 얼굴을 가진) 영웅》, 이윤기 옮김, 민음사, 2000
윌리엄 골딩,《파리대왕》, 유종호 옮김, 민음사, 2016

남성 심리학

Bly, Robert. *Iron John: A Book About Men*. Reading, MA: Addison-Wesley, 1990.
Bolen, Jean Shinoda. *Gods in Everyman*. San Francisco: Harper & Row, 1989.
Browning, Don S. *Generative Man: Psychoanalytic Perspectives*. Philadelphia:

Westminster Press, 1973.
Winnicott, D. W. *Home Is Where We Start From*. New York: Norton, 1986.

로버트 블라이, 《(남자의 책) 무쇠 한스 이야기》, 이희재 옮김, 씨앗을뿌리는사람, 2005
진 시노다 볼린, 《(우리 속에 있는) 남신들》, 유승희 옮김, 또 하나의 문화, 2006
도널드 우드 위니컷, 《가정, 우리 정신의 근원》, 김유빈 옮김, 한국심리치료연구소, 2017

왕

Frankfort, Henri. *Kingship and the Gods*. Chicago: Univ. of Chicago Press, 1948.
Perry, John Weir. *Lord of the Four Quarters: The Mythology of Kingship*. Mahwah, NJ: Paulist Press, 1991.
_____, *Roots of Renewal in Myth and Madness: The Meaning of Psychotic Episodes*. San Francisco: Jossey-Bass, 1976.
Schele, Linda, and Freidel, David. *A Forest of Kings*. New York: Dell, 1973.

전사

Farago, Ladislas. *Patton: Ordeal and Triumph*. New York: Dell, 1973.
Rogers, David J. *Fighting to Win*. Garden City, NY: Doubleday, 1984.
Stevens, Anthony. *The Roots of War: A Jungian Perspective*. New York: Paragon House, 1984.
Tzu, Sun. *The Art of War*. Boston: Shambhala, 1988.

손자, 《손자병법》

마법사

Butler, E. M. *The Myth of the Magus*. Cambridge, MA: Cambridge Univ. Press, 1948.
Moore, Robert L. *The Magician and the Analyst: Ritual, Sacred Space, and Psychotherapy*. Chicago: Council of Societies for the Study of Religion, 1991.
Neihardt, John. *Black Elk Speaks*. Lincoln: Univ. of Nebraska Press, 1968.
Nicolson, Shirley, ed. *Shamanism*. Wheaton, IL: The Theosophical Publishing House, 1987.

존 니이하트, 《검은고라니는 말한다》, 김정환 옮김, 두레, 2002

연인

Brown, Norman O. *Love's Body*. New York: Random House, 1968.
Csikszentmihalyi, Mihaly. *Flow: The Psychology of Optimal Experience*. New York: HarperCollins, 1991.
Lawrence, D. H. *Selected Poems*. New York: Penguin, 1989.
Neumann, Erich. *Art and the Creative Unconscious*. Princeton, NJ: Princeton Univ. Press, 1959.
Spink, Walter M. *The Axis of Eros*. New York: Schocken Books, 1973.

미하일 칙센트미이하이, 《미치도록 행복한 나를 만난다》, 최인수 옮김, 한울림, 2004
데이비드 로런스, 《로런스 시선》, 윤명옥 옮김, 지식을만드는지식, 2011